JN409648

성스러움과 아름다움이 입 맞출 때

성서로 그림 읽기, 그림으로 성서 보기

성스러움과 아름다움이 입 맞출 때

성서로 그림 읽기, 그림으로 성서 보기

김학철 지음

| 차례 |

여는 말 / 9

성서의 시각적 읽기,
그리고 신상으로 살아가기 / 17

성서의 시각적 읽기 / 17

신상으로 살아가기 / 26

인간됨과 창조 이야기 / 37

미켈란젤로의 《아담의 창조》 / 40

새뮤얼 박의 《전쟁 때의 창조》 / 44

새뮤얼 박의 《베레쉬트 바라》 / 48

믿음의 손 / 55

하갈의 불운한 운명과 동정 어린 시선 / 55

불행과 동정을 넘어서는 믿음의 어머니의 손 / 59

꽉 막힌 현실, 위를 가리키는 손 / 65

믿음을 점검하는 손 / 74

소망의 발걸음 / 81

머문 별을 보다 / 82

권리를 찾는 과부 / 87

아리마태아 요셉은 무엇을 찾았는가 / 95

차마 못하는 마음과 정의 / 103

정의로운 요셉의 차마 못하는 마음 / 104

위로의 아들, 요셉 / 107

포도원 주인의 정의와 차마 못하는 마음 / 112

기적의 내면 / 127

'기적'이 놓인 오늘날의 자리 / 127

사마리아 여인의 우물 속 / 130

내가 아는 한 가지 / 136

기억의 윤리 / 145

호세아의 가족 기억하기 / 146

크리스마스와 거절된 위로 / 152

이 여인을 기억하는가? / 159

사랑의 힘 / 165

합당한 예절로 뵈뵈를 영접하라 / 166

필레몬의 쓸모없는 종을 사랑하는 형제로 받아들이기 / 170

기만의 비극 / 179

디나는 어디에 있느냐? / 180

무엇이 반복되는가? / 185

빌라도의 씻어낼 수 없는 손 / 191

측은지심의 보행 - 길 위의 예수 - / 199

나가는 말 / 215

보론 / 223

Ⅰ. 서언 / 223

Ⅱ. 종교와 이미지의 시원 – 이미지의 존재론적 성격 / 225

Ⅲ. 이미지의 실재 재현 가능성과 종교–정치학 / 231

Ⅳ. 이미지의 세 갈래 길 / 239

Ⅳ. 결어 / 251

일러두기

· 성서 표기는 공동번역개정판을 따랐으나 성서 본문은 저자의 의도에 따라 다양한 역본을 사용했습니다.
· 단행본 서적의 경우 『 』표기를, 잡지나 학술지의 경우 「 」, 논문이나 글의 경우 ' ', 영화, TV 프로그램, 음악 작품이나 미술 작품의 경우 《 》표기를 사용했습니다.

매일 밤 또 매일 아침

어떤 이는 불행으로 태어나고

매일 아침 또 매일 밤

어떤 이는 달콤한 기쁨으로 태어나며

누군가는 끝없는 밤으로 태어난다

우리는 거짓을 믿기 마련

밤에서 태어나 밤에 사라질 눈이니

우리가 눈을 통해 보지 않을 때

영혼의 빛은 광채 속에 잠든다.

어둠에 드리운 가여운 영혼에게

하느님은 나타나시고

하느님은 곧 빛이 되나

빛의 영역을 사는 영혼에게는

인간의 모습을 드러내리라.

- 윌리엄 블레이크, '순수의 전조' 중 -

여는 말

노장老莊에 침잠한 사람이 아니더라도 동아시아 문명권의 우리에게 '자연'自然은 매우 긍정적인 인상을 준다. 이와 달리 자연의 상대어인 인위人爲 혹은 인공人工은 자연스러운 것이 조작되어 위험하거나 해로울 수 있다는 느낌을 준다. 반면 유럽 전통에서 자연의 상대어는 문명/문화다. 자연 대 문명/문화의 대립쌍에서 자연은 '야만'과 겹친다. 버려진 땅을 개간하여 문명을 이루고, 날 것의 인간을 교육하여 문명인을 기른다. 이런 전통에서 문명/문화는 적극적으로 추구해야 하는 가치다. 그 길로 열심히 달려 온 서양 문화는 여러 차례 절정의 꽃을 피웠다. 묘한 것은 기술이 극도로 정교하고 세련되었을 때 인간의 정신은 '숲'을 향한다. 유럽 문명에서 대낮에도 '숲'은 안온한 안식처가 아니다. 문명 밖 거친 야생의 공간이다. 예민한 감각으로 현 시대의 권태를 읽고, 생명력의 원천을 찾으려는 천부적인 예술가들은 미리미리 움직인다. 고갱Paul Gauguin(1848~1903)은 프랑스 문명을 떠나고자 했다. 그러나 그가 간 곳은 유럽의 '숲', 혹은 그와 같은 곳이 아니라 식민주의 프랑스가

그림 1 폴 고갱, 《우리는 어디로부터 왔는가. 우리는 무엇인가. 우리는 어디로 가는가》, 1897~1898년, 139×375cm, 유화, 보스턴 파인아트 뮤지엄.

나긋나긋하게 길들인 낙원 이미지의 타히티였다.

고갱은 그곳에서 대표작들을 그렸다. '그림 1' 역시 그가 타히티에 머물면서 그린 그림이다. 언뜻 보면 타히티인들의 일상을 그린 듯이 보인다. 그러나 고갱이 그림 왼쪽 상단부에 쓴 문장은 이 그림의 목적이 단지 일상을 담는 것이 아님을 알려준다. 그곳에는 '두 브농 누, 케 솜 누, 우 알롱 누(우리는 어디에서 왔는가. 우리는 무엇인가. 우리는 어디로 가는가)'D'où Venons Nous/Que Sommes Nous/Où Allons Nous라고 쓰여 있다. 의문부호가 없지만, 그것은 자연스레 우리에게 질문이 된다. 무거운 질문이다. 가꿔진 낙원 타히티의 일상을 여유롭게 감상하려던 관람자의 태도는 바뀐다. 화가 자신이 제기한 질문에 그가 어떻게 답하고 있을까를 물으며 미간을 살짝 찌푸려 그림 구석구석을 들여다본다. 관람자의 자세는 진지해진다.

이 질문은 종교적 혹은 철학적 성격을 띤다. 가톨릭 성직자가 되기 위해 소신학교小神學校에 입학했고 비록 가톨릭에 지독한 회의를 느껴 그곳을 떠나긴 했지만, 그는 그곳에서 그런 종류의 질문을 듣고 답하는 교육을 받았다. 고갱을 가르치던 선생 중 하나였던 주교는 자신이 고안한 교리문답서에 그 질문을 싣고 학생들을 교육했다고 전해진다. 증권회사 등에 몸을 담았던 고갱, 이후 35살의 나이에 예술의 길로 접어든 그였지만 "우리는 어디에서 왔는가? 우리는 무엇인가? 우리는 어디로 가는가?"라는 질문으로부터 완전히 도망갈 수는 없었다. 11세에 입학하여 6년간 받은 성직 교육이 평생 그를 따라다닌 셈이다.

프로이트Sigmund Freud가 이 그림 앞에 있었다면 고갱의 그림에서 병리적 징후를 읽어내려 할 것이다. 프로이트는 지인에게 이렇게 편지했다.

> 삶의 의미와 가치에 대해 질문하는 순간, 그 사람은 병든 것이다. …… 이 질문을 함으로써 그는 단지 충족되지 않은 리비도의 창고로 들어가고 있는 것이다. 그 리비도의 창고에는 또 다른 것, 즉 슬픔과 우울로 이끄는 일종의 흥분이 반드시 발생되어 있다.[1]

이 질문은 모종의 슬픔과 우울을 감상자들에게 던져줄 수 있다. 삶의 행방과 의미를 묻는 질문은 대개 기쁨과 환희보다는 고통과 허무감에서 나오기 쉽다. 그러나 진지한 질문의 정서가 온통 그러한 부정적 색채로 채워지지는 않는다. 비탄 섞인 물음은 삶의 의욕과 결기 어린 결심을 이끌기도 한다.

---

1 존 코팅햄, 『삶의 의미』(동문선, 2003), 24에서 재인용.

이 작품은 자타 모두 그의 대표작으로 꼽는다. 고갱 자신이 이 그림에 자기 생각이 온전히 드러났다고 말했고, 나아가 이 그림을 완성한 후에 자살하겠다는 맹세를 했다고까지 한다. 더 성공적인 작품을 기대할 수 없을 거라는 이유에서였을까? 아니면 늘 그렇듯 겹친 불행 때문이었을까? 그 시기 그는 병들었고 빚이 많았으며, 따라서 제대로 치료받을 길이 없었다. 그러나 우리는 안다. 맹세는 간절하고 진지한 시각에 태어나지만, 우리 인간처럼 자신이 태어난 순간을 기억하지 못한다. 맹세하지 말라(마태 5:33~37)는 예수의 말은, 우리의 언어가 우리의 존재 한계를 넘어서서는 안 된다는, 그래서 소박한 대답을 넘는 장담이나 확언을 피하라는 교훈이다. 그는 자살에 실패했다고 친구에게 편지를 썼다. 약을 가지고 타히티의 한 산에 올라갔다고 한다. 안 된 말이지만 성공이 실패보다 더 쉬웠을 텐데도. 하여 혹자는 그가 이 그림의 중요성을 알리기 위해 자살을 언급했다고 야멸차게 추측한다. 다시 말해 자살 운운은 이 그림에 화가의 이야기를 부여해 가치를 높이려는 상술이 아닌가 하는 의심을 받는다. 이런 시나리오다. 화가가 자신의 모든 것을 쏟아부어 마침내 그가 가진 예술의 완성품을 만들고는 더 이상의 것이 없다고 판단한다. 그러고는 그 예술적 성취에 기뻐하여, 동시에 더 이상 예술가로서, 한 인간으로서 살 이유가 없어 자살했다. 얼마나 근사한 이야기인가. 더군다나 인류의 영원한 질문을 그림의 제목으로 손수 써넣었을 뿐 아니라, 화가는 중첩된 불행에 고통을 겪고 있었다니. 여하튼 고갱이 이 그림을 특별하게 여겼다는 여러 정황이 있었음은 확실하다.

고갱은 가로 4m에 달하는 이 대작을 오른쪽부터 왼쪽으로 읽어 가라고 얘기했다. 그러면 우리는 세 질문에 대해 인물군과 그들의 행동을 보고 고갱이 각 질문을 어떻게 형상화했고, 또 무엇으로 답변했는지 살펴볼 수 있다. 고갱은 이 그림에 대해 다음과 같이 알려준다. 우선 오른쪽 아래에 앉아 있는 세 명의 여인과 누워 잠을 자는 한 아이가 있다. 그들 위에는 자줏빛 옷을 입은 두 사람이 그들의 생각을 나눈다. 오른팔을 올리고 그들을 바라보는 사람은 감히 그들의 운명에 대해서 생각하는 이 두 사람을 놀란 듯이 바라본다. 화면 가운데서 손을 들어 올려 과일을 따는 사람이 있고, 그의 옆에는 한 아이가 웅크린 채로 과일을 먹는다. 화면을 기준으로 아이 오른편에는 고양이 두 마리가 있고, 왼편으로는 염소가 앉아 있다. 염소 위에는 한 신상이 있는데, 신상은 양팔을 균형감 있게 올리고서는 '저 너머'를 가리킨다. 맨 왼쪽에 두 손으로 얼굴을 가리고 앉아 있는 여성은 노인이다. 그는 죽음이 가까웠음을 알고 생각에 잠겨 있다. 그의 발밑에는 도마뱀을 붙잡은 하얀 새가 있는데, 고갱에 따르면 이 새는 말의 무익함을 나타낸다.

이 그림에서 과연 "우리는 어디에서 왔는가? 우리는 무엇인가? 우리는 어디로 가는가?"에 대한 답을 찾을 수 있을까? 우리는 이 그림에 대한 해석을 놓고 갑론을박을 벌일 수 있다. 고갱이 그런 우리를 본다면 자신의 의도가 성공했다고 판단할 것이다. 그림이 무엇을 말하는지는 모호하지만, 적어도 그는 이 그림을 통해 우리가 뒤로 미뤄두었으나 결코 우리를 떠나지 않는 근본 질문에 우리를 잠시나마 매어 두었다. 이것이야말로 예술이 할 일이 아니던가.

나는 이 책이 고갱의 그림이 한 일을 할 수 있기를 바란다. 2,000여 년 이전에 기록된 성서의 구절을 붙들고, 그것을 자신의 혼과 영과 육으로 그려낸 화가의 그림을 찬찬히 살피면서 중요하지 않은 듯 뒤로 미뤄놓은 삶의 질문을 던지고, 거기에 잠깐이라도 머물러 보자. 영원에 관해 묻고 서로의 지식과 경험을 겸손하게 나눌 때 우리는 더욱 인간다워지고, 그래서 하느님에게 다가갈 수 있다. 많은 정답을 가지고 있는 사람보다 많은 질문, 그것도 영원과 진리와 아름다움을 향한 물음을 가진 사람이 하느님께 더 가까이 갈 수 있다. 하느님의 영이 그렇게 인생의 본질을 묻는 이들에게 은혜로 함께 해 주시지 않을 리 없다. 이 책은 그러한 일을 도우려 한다. 답보다는 더 위대하고 섬세한 물음을 독자들과 더불어 묻고 생각하려 한다.

이 책은 일일이 다 소개하지는 않았으나 그간 전문 학술지를 비롯해서 여러 곳에서 발표하거나 연재했던 글들을 중심으로 모으고 수정해 체계를 갖추었다. 성서의 진실과 성서화의 아름다움이 엮이고 공명하여 더욱 깊은 배음背音이 탄생하였으면 한다. 독자들이 더 읽었으면 하는 부분이나 설명을 보충하기 위해서 각주를 두었다. 가급적 우리말 연구를 소개하려고 하였고, 불가피할 때만 외국어 글들을 적어두었다. 독자들의 선의에 미리 감사드린다.

성서의 시각적 읽기, 그리고 신상神像으로 살아가기*

성서의 시각적 읽기

거룩한 것을 시각화하여 신앙 교육에 도입하려는 시도는 반대에 부딪히기도 했지만, 교황 그레고리우스 1세Gregorius I(590~604년 재위)는 성서화聖書畵를 비롯한 여러 이미지를 활용하여 신앙 교육을 하려 했다.[1] 글을 읽을 수 없더라도 이미지는 성서와 신앙의 내

* 이 부분은 김학철, '성서의 시각적 읽기 - 대학의 교양교육으로서 성서교육 방법론', 「한국대학선교학회」 31(2016), 41~72의 한 부분을 수정한 것이다.

1 당시 마르세유의 주교 세레누스는 이미지를 적극적으로 사용하려는 교황에 반대해 자기 교구의 형상 파괴에 앞장섰다. 이에 그레고리우스 1세는 자신의 본의를 설명하고 이미지의 유익성을 설득하는 편지를 세레누스에게 보냈다. "그림을 숭배하는 것과 그림의 이야기를 통해 숭배되어야 할 것을 배우는 일은 서로 다릅니다. 그림은 문맹자들에게 책을 읽을 수 있는 사람이 얻는 것을 줍니다. … 이미지와 그림은 무식한 사람들의 교화를 위해 만들어진 것입니다. 이를 통해 문맹자들도 그림을 통해 배울 수 있습니다."(600년 10월의 두 번째 편지) Celia M. Chazelle, 'Pictures, Books, and the Illiterate', *Word*

용을 알려줄 수 있기 때문이다. 이후 이미지가 성서의 내용을 부연하는 삽화插畵에서 벗어나 책의 중심에 들어서고, 나아가 글자를 주변부로 밀어낸 책들이 발행되었다. 흔히 '비블리아 파우페룸'biblia pauperum으로 불리는 책들이다. 이것은 독일의 함부르크와 브레멘의 대주교였던 안스가르Ansgar(801~865)가 시작했다고 전해진다. 보통 구약과 신약 성서를 유형론적으로 설명하는 그림이 책의 주를 이루었다. '비블리아 파우페룸'의 문자적 의미는 '가난한 자들의 성서'이지만, 가난한 이들이 구입할 수 있는 가격이 아니었다. 대신 교회가 구비하여 교육에 활용하였다. 이후 문자문화의 시대가 시작되고 문맹률이 급속히 낮아지면서 이미지는 신앙 교육의 중심부에서 다시 한번 멀어졌다. 문자라는 정확하고 신속하며 안정적이고 효율적인 매체가 (물론 문자가 '더 안정적이고 효율적인 매체'인지는 확실하지 않지만) 그림의 모호함보다 성서 교육에 더 적합한 듯 보였기 때문이다.

21세기 인류는 구전문화 시대에서 문자문화 시대를 넘어 영상문화의 시대로 진입했다. 과학기술의 발달과 함께 '청각' 중심의 구술문화, '글' 중심의 문자문화를 포괄하면서 공감각적 영상문화가 우리의 인지와 감정을 형성한다. 특별히 "컴퓨터 매개 커뮤니케이션"Computer-Mediated Communication 환경은 구술문화와 문자문화, 그리고 영상문화를 동시에 가능하게 하였다. 이미지는 이러한 매체 환경에서 다시금 중요성을 얻게 되었고, 신앙 교육에서도 성

& Image 6 (2/1990), 138~153, 139~140에서 재인용.

서화를 비롯한 종교 이미지를 새삼스럽게 다시 평가해야 할 때가 되었다.

이 책은 부족하나마 '성서의 시각적 읽기'를 구현하려는 시도다. 성서의 시각적 읽기란 성서를 이미지로 해석한 예술 작품들을 통해 성서와 예술 작품을 서로 새롭게 읽으려는 것이다. 구체적으로 말하면 성서의 시각적 읽기는 "독자가 성서 본문과 '성서-이미지'(주로 성서화를 비롯한 시각예술)를 동시에 놓고 성서 본문으로 성서-이미지를 감상監賞하고, 성서-이미지를 통해 성서 본문을 읽을 때 일어나는 교차적 이해와 성서 메시지의 예술적 표현을 목적으로 하는 읽기"다.

성서의 시각적 읽기에서 '성서-이미지'란 성서의 이야기나 성서적 주제 혹은 소재에 영감을 받아 제작한 시각예술을 가리킨다. 성서-이미지는 탄생 초기부터 이제까지 성서 및 신앙 교육에서 주로 말과 글의 보조 역할을 담당했다. 성서는 '말'로 하고 그것을 '듣는' 구술문화의 산물이기 때문에 성서에는 신앙과 관련하여 '청각'을 중심으로 놓는 구절들도 있다.[2] 형상 금지에 관한 율법과 이에 따른 시각예술에 대한 엄격한 금지는 말함-들음의 청각적 교육을 더욱 강조하게 하였다. 이른바 서양의 음성중심주의Phonocentrism, 곧 음성 언어가 문자 언어보다 더 우수하다고 생각하는 사상의 근저

---

2 예를 들어, '들음'은 신구약에 걸쳐 신앙의 핵심과 연결되어 있었다. 구약의 경우, 구약 신앙의 요약으로 간주되는 신명기 6장 4~9절은 '쉐마 이스라엘'Shema Yisrael로 불린다. 그 신앙 요약문은 "들으라, 오 이스라엘아"로 시작된다. 신약에서도 '들음'은 믿음과 연결하였다. 대표적으로 "믿음은 들음에서 생기고, 들음은 그리스도를 전하는 말씀에서 비롯됩니다"(로마 10:4)는 통상 들음의 중요성을 강화해주는 구절로 사용되기도 하였다.

에는 형상 금지에 관한 그리스도교의 가르침이 깔려 있다. 신앙 교육을 위해 이미지 사용을 적극적으로 권장했던 그레고리우스 1세도 그것을 단지 제한적이고 보조적인 수단으로 보았다. 그러나 성서-이미지를 제작하는 시각예술가들은 자신의 작품을 단지 보조재나 삽화 정도로 여기지 않았다.

시각예술가들은 뚜렷한 자의식을 가지고 성서를 꼼꼼히 읽는 독자이자, 본문의 의미를 밝히는 시각적 주석가이고, 나아가 신앙적 의미를 아름다움으로 표현하는 예술가다.[3] 이는 성서화가 삽화에 머물지 않고 성서의 면밀한 독서의 결과물로서 본문을 주석하고 해석하여 예술로 표현한 작품임을 알려준다. 모든 성서-이미지가 일정한 수준에 달한 성서 주석적 예술은 아니지만 이미 많은 학자는 그것이 가진 주석적 통찰과 해석학적 적용을 두고 높은 평가와 함께 신학적 작업을 하였다. 따라서 성서의 시각적 읽기는 성서-이미지를 독립적인 신학-예술 작품으로 간주한다.

성서의 시각적 읽기는 성서 본문과 성서-이미지를 서로 엮어 읽으며 그로부터 발생하는 교차 이해에 주력한다. 성서 본문은 그것을 해석해 온 해석사가 있고, 해석은 시대와 장소, 그리고 해석 주체에 따라 다양성과 경향성을 더불어 띤다. 이에 개별 연구자들은 자신의 창의적 해석을 해석의 역사에 더하려 한다. 성서-이미지는 기본적으로 성서 본문에 대한 읽기, 주석, 그리고 표현이라는 측면에서 성서 본문의 해석사에 포함된다. 성서-이미지는 자체 역사 역

[3] 김학철, '성서화비평과 성서화가聖書畵家', 「한국기독교신학논총」 73 (2011), 259~286.

그림 2 로렌조 로또Lorenzo Lotto, 《그리스도, 그리고 간음한 여인》, 1527~1529년, 124×156cm, 캔버스에 유화, 파리 루브르 박물관.

시 가지고 있다. 가령 상징과 그것의 의미를 밝히는 작업인 도상학圖像學은 문자로 된 성서 본문 해석사와는 독립적으로 형성된 성서-이미지의 역사다. 성서 본문과 성서-이미지의 교차 이해는 특정 성서 본문을 두고 그를 대상으로 그린 성서-이미지들을 나열하면서 그것들이 어떻게 본문을 재현했고, 그 재현에 드러난 제작자의 의도가 무엇이며 최종적으로 어떻게 본문을 해석했는지를 검토하는 과정 중에 일어나는 본문과 그림에 대한 새롭고 풍부한 이해를 뜻한다. 예를 들어 요한 복음서에 나온 "간음하다 현장에서 잡힌 여인"(7:53~8:11)을 두고 그린 그림들을 동시에 감상하면 본문에 대한 다양하고 풍부한 이해의 결과들을 살필 수 있다. 다시 말해 이 그

그림 3 렘브란트Rembrandt, 《그리스도, 그리고 간음하다 잡혀온 여성》, 1644년, 139×375cm, 패널에 유화, 런던 내셔널 갤러리.

림들이 재현하는 사건 현장은 성서 본문을 더욱 자세히 보게 돕는다. 그림들은 이 장면에 등장하는 예수, 여인, 고발자와 군중을 각기 다르게 재현하기 때문에 독자/관람자는 본문과 그림이 각각 무엇을 말하는지, 그래서 그중에서 어떤 것이 어떤 면에서 설득력이 있는지를 면밀하게 판단하게 된다.

르네상스 시기의 로렌조 로또(1480~1556)는 격동하는 고발자와 군중, 그리고 고발된 여인 사이에서 차분히 현장을 가라앉히고 옳

그림 4 윌리엄 블레이크William Blake, 《간음한 여인》, 1805년, 35.5×35.7cm, 연필과 유채, 보스턴 파인아트 뮤지엄.

고 그름을 가리는 재판장처럼 예수를 그린다(그림 2). 재판장 예수는 전통적인 그리스도교 이해에 들어맞을 뿐 아니라 권위를 보여주기에 좋다. 바로크 시대의 렘브란트(1606~1669)는 고발자들의 희생제물이 된 여인에게 빛을 비춘다. 그 빛은 예수를 통해 비치며 이로써 예수는 용서와 자비의 근원으로 묘사된다(그림 3). 종교개혁 이후 칼뱅주의의 나라 네덜란드에서 활동하던 그는 프로테스탄트 이념을 그림에 곧잘 투영하였다. 낭만주의 시기의 윌리엄 블레이

그림 5 막스 베크만Max Beckmann, 《간음하다 붙잡힌 여인과 그리스도》, 1917년, 149×127cm, 캔버스에 유화, 세인트 루이스 아트 뮤지엄.

크(1757~1827)는 등을 돌리고 달아나는 군중을 배경으로 삼고, 흰색(죄 없음을 상징할 수 있다) 옷을 입은 여인만이 땅 위에 쓰인 예수의 글자를 보고 있는 것으로 그린다. 예수의 숨은 뜻이 여인에게 전달되는 장면이다(그림 4). 블레이크의 신비주의적 성서 이해가 잘 드러난다. 표현주의 전통의 주요한 화가인 막스 베크만(1884~1950)은 돌을 던지며 흥분한 군중과 여인 사이에 예수가 서서 자신의 몸으로 여인을 보호하도록 그린다(그림 5). 베크만은 여인의 젖가슴을 드러내며 그를 요부妖婦처럼 묘사하는데, 이것은 다른 화가들이 여인을 가련하게 그리거나 예수의 글씨를 읽게 하여 그를 '변호'하는 것과 다른 방식이다. 그러면 본문은 예수와 고발자, 그리고 여인에 대해서 무엇을 말하는가? 이것을 확인하기 위하여 성서-이미지 감상자는 성서 본문을 더욱 밀착해서 읽는 독자가 된다. 이러한 교차적 과정은 기존의 글로 성서를 읽을 때와는 완연히 다른 해석 욕구를 자극하는데, 이 욕구는 성서 비평의 결과들을 자연스럽게 접하게 한다. 또 동시에 감상자는 성서-이미지가 제공한 미학적 아름다움 덕택으로 즐거움을 느끼게 된다.

마지막으로 성서의 시각적 읽기는 독자/관람자가 얻은 교차적 이해를 예술적으로 표현하도록 독려한다. '예술적 표현'이란 글쓰기, 형식을 갖춘 대화극, 이미지 혹은 영상 제작, 공연 및 연주 등의 가시적 형태로 교차적 이해를 표현하는 것이다. 성서의 시각적 읽기는 성서와 성서-이미지의 최종 이해가 표현에 있다고 여긴다. 이것은 이른바 퍼포먼스 비평performance criticism의 통찰을 수용하는 것이다. 퍼포먼스 비평은 성서가 탄생한 구술문화 시대의 성서 읽기는 기본적으로 일종의 공연이었음에 착안한 것이다. 성서는 혼자 '읽기'가 아니라 청중 앞에서 '읽기' 곧 낭송을 위해 고안되었다. 가령 고대 그리스 시대부터 호메로스의 글을 공연하는 전문 직업인들인 '호메리다이'Homeridai는 낭송을 통해 호메로스의 글을 예술적으로 표현한다. 성서 역시 이런 구술문화 속에서 낭송을 전제로 한 글이었다. 퍼포먼스 비평은 기존의 역사 비평이나 문학비평, 그리고 이데올로기 및 신학 비평 등을 적절히 사용하여 종국에는 예술적 표현을 위한 이해를 마련하고, 그 이해를 동시대의 여러 문화적 장르 속에서 구체화하는 것이다. 비블리오 드라마는 대표적인 퍼포먼스 비평이라고 할 수 있다. 나아가 성서의 시각적 읽기, 그리고 그 읽기를 '예술적 표현'으로 달성하려는 노력은 최종적으로 우리 삶과 관련 있다. 곧 성서의 시각적 읽기는 독자가 신상神像으로 살아가기 위한 것이다.

신상으로 살아가기

기원전 63년 로마가 지중해 세계의 패권을 장악할 때 유대인들도 그에 굴복하였다. 폼페이우스는 유대를 정복하고는 예루살렘 신전에 갔다. 유별난 종교의 신전이니 그곳을 둘러보고 싶었던 것이다. 유대인들이 경악하는지도 모른 채 그는 대제사장이 일 년에 한 번만 들어가는 지성소로 뚜벅뚜벅 걸어 들어갔다. 그러나 그는 아무것도 보지 못했다. 다른 종교의 신전에는 신의 형상이 있기 마련이지만 예루살렘 신전에는 그런 것이 없었다. 솔로몬이 만든 신전에는 야훼의 임재를 상징하는 법궤가 신상을 대신했지만, 이른바 제2 신전(헤롯 신전)에는 법궤조차 없었다. 지성소를 나오면서 폼페이우스가 한 말이 "별것 없네"인지 "아무것도 없잖아"인지는 확실치 않으나 그가 이곳에서 특별한 감명을 받은 것 같지는 않다. 도리어 당대 사람들의 상식으로 신상도 없는 곳을 신전으로 부르며 예루살렘 함락 직전에도 열심히 제사를 하던 유대인들을 이상하게 생각했을 것이다.

기원후 66~70년 사이에 유대는 반로마항쟁을 일으켰다. 로마는 예루살렘을 정복하고 신전을 파괴하여 그들의 종교를 없애서 민족의 구심점을 부수려 하였다. 예루살렘 신전은 철저히 파괴되었고, 오늘날까지 유대인들은 예루살렘에 야훼의 신전을 세우지 못하였다. 통곡의 벽은 전쟁을 견딘 유적으로 과거 신전이 있었다는 증거일 뿐이다. 그러나 로마인들의 계획과는 달리 유대교가 없어지지는 않았다. 유대인들은 당시 이례적이라 할 수 있는, 신전 없는 종교를 발전시켰다. 신전에서 희생제사가 불가능해지자 율법 공부를 제사에 해당하는 종교적 행위로 간주하는 식으로 말이다. 자기 집이 없는 신을 우주의 참 신으로 모시는 이 종교는 고대 지중해 세계에서 별난 일이 아닐 수 없었다. 그러나 신전 없는 종교는 이미 바빌로니아 제국에게 멸망한 때부터 유대인들에게 가능한 것이었다. 그것이 가능한 이유는 그 종교가 '신전 없는 종교'보다 더 독특한 '신상 없는 종교'였기 때문이다. 고대 근동 세계에서 신상은 신의 임재를 상징하는 것이었고, 신상이 없는 신이란 동시대 사람들에게 상상하기 어려운 것이었다. 그러나 성서는 야훼의 신상을 만드는 것을 금한다. 신상 없는 종교는 본질상 신상을 둘 신전을 필요로 하지 않는다. 로마인들의 예루살렘 신전 파괴는 도리어 구약성서 신앙의 핵심으로 되돌아가게 한 셈이다.

구약성서에는 인간이 자신의 필요에 따라 무언가를 만들고 거기에 신의 이름을 가져다 쓴 경우가 있다. 대표적인 것이 왕의 옹립이다. '야훼 하느님이 왕인데, 왜 인간 왕이 필요한가'라는 사무엘의 물음에 제대로 대답도 못 한 채 당시 이스라엘 사람들은 계속해서 인간 왕을 요구했다. 이는 자신들을 이집트에서 구원해 낸 야훼의 능력과 신실함에 대한 불신 외에 다른 것으로 설명될 수 없었다. 사무엘은 야훼에 대한 불신과 배반으로 탄생한 인간 왕이, 그것을 요구한 사람들에게 고통을 가져다줄 것이라고 분명히 경고한다. 그러나 이스라엘 사람들은 그 경고가 무엇을 의미하는지 정녕 알지 못했다. 야훼가 세우라는 사울이 왕이 되었지만, 그는 하느님과 민중에게 버림받고 말았다. 성서에 따르면 사무엘은 야훼 하느님의 또 다른 명령을 받아 다윗을 왕으로 세웠다. 성서의 여러 곳에서 야훼 하느님은 다윗의 가문을 통해 그분의 통치를 계속하리라는 언약, 이른바 '다윗 언약'을 맺었다. 야훼는 직접 왕이 되는 대신 인간을 통한 대리 통치로 마음을 바꾼 것일까? 그렇다면 다윗은 물론 그 이후 다윗 왕가의 사람들이 저지른 실정과 폭정은 야훼의 뜻인가? 적지 않은 학자들이 추정하는 대로, 다윗 언약은 다윗 왕가의 사가史家들이 야훼의 뜻을 그들 편에서 해석하며 다윗 왕조의 정당성을 구하기 위함은 아니었을까?

신전 역시 야훼가 원한 것이 아니었다. 우주를 창조한 하느님이 왜 인간의 손으로 지은 집에 머물러야 하는가? 왜 야훼는 자신을 예루살렘이라는 작고 거친 땅, 나아가 인간이 지은 누추한 곳에 자신을 한정하고, 하필 그곳에서 자신의 현현을 뚜렷이 나타내야 하는가? 만물을 사랑으로 내고, 그것을 길러내며 말할 수 없이 아름다운 우주를 만끽할 수 있는 분이 왜 소나 양 같은 제물을 탐내며, 그 기름을 태운 냄새를 '향기로운 제물'로 보아주어야 하는가?

야훼의 신전과 그곳에서 올리는 제물은 누구를 위한 것인가? 결코 야훼를 위해서는 아니다. 다윗이 권력을 잡고, 예루살렘을 정복하여 그곳을 자신의 도시로 삼아 대대손손 권력의 이양을 원했다면 예루살렘은 야훼가 머무는 곳이어야 하고, 그래야만 그곳의 지배자에게 신적 정당성이 부여된다. 솔로몬은 아버지 다윗에게 내린 야훼의 명령이라며 신전을 짓고 그곳에 법궤를 가져다 놓아 이집트에서 노예를 해방한 야훼 하느님을, 왕 제도에 진노한 하느님을 자신의 왕권 강화를 위해 '사용'하였다. 분명 하느님은 그 신전에 머무실 것이다. 다른 모든 곳에 머무시는 하느님이니 그곳이라고 특별히 마다치 않으실 것이다. 다만, 그의 이름이 그의 뜻과는 다르게 오용될 때 하느님은 그곳에 진노를 퍼붓는다. 예언자들은 그렇게 예루살렘 신전을 바라보았다.

마태오 복음서는 예수를 "다윗의 자손"으로 강조해서 부르고, 루가 복음서는 예수가 어렸을 때 예루살렘 신전을 "내 아버지의 집"이라면서 요셉 가족이 갈릴리로 돌아가는 길에 혼자 이탈한 것으로 그린다. 예수는 '다윗 언약'에 숨은 왕권 이데올로기나, 신전에 덕지덕지 붙은 탐욕을 몰랐던 것인가, 아니면 알면서 거기에 편승한 것인가. 시작할 때는 누군가의 욕심에서 비롯되었다 해도 시간이 흐르면 민중은 누군가의 못된 욕심의 껍데기를 자신의 것으로 활용한다. 마태오 복음서가 증언하는 "다윗의 후손" 예수는 다윗처럼 싸움꾼이 아니라 치유하는 지도자였다. 민중은 '다윗의 후손'이라는 메시아 기대에 상처와 고통을 치유하는 지도자에 대한 열망을 담았다. 나귀를 타고 예루살렘으로 입성하는 다윗의 자손은 고름 나는 생채기에 입 맞추는 메시아다. 한편 신전이 '내 아버지의 집'이라는 말 배후에는 절박함이 있다. 신전은 원래 그 누구의 것도 아니고, 누구도 함부로 전용하거나 오용할 수 없는 보편의 하느님, 동시에 '내 아버지'인 그분의 집이다. 그곳에서 민중은 하느님을 뵙고자 한다. 겁박하며 내리누르는 사나운 눈길이 아니라 보잘것없는 자신을 너그러이 보아주는 분의 집, 우렁차게 명령하는 목소리를 내는 지배자의 집이 아니라 어쩔 수 없이 새어 나오는 한숨을 기도로 받아주는 마음과 귀를 가진 분의 집이다. 예수는 이런 곳마저 "강도의 소굴"이 되었다고 고발하며 그렇게 한 사람들의 죄를 더욱 날카롭게 드러낸다. 그가 세례자 요한에게서 공생애를 시작했다는 것을 기억해 보자. 요한의 세례는 신전 제의의 전면적 거절을 상징한다. 건물의 크기가 제자들마저 주눅 들게 하자 예수는 앞으로 이 거대한 '강도의 소굴'에 일어날 일을 예언한다. "돌 위에 돌 하나도 남지 않을 것이다." 그러나 신전이 없어졌다고 걱정할 필요는 없다. 하느님을 만날 장소가 사라졌다고 슬퍼할 이유도 없다. 예루살렘 신전은 무너져야 하지만, 예수는 그것을 사흘째 되는 날에 다시 세울 것이다. 그 신전은 돌로 된 건축물이 아니라 그의 몸이다(요한 2:21).

예수는 하느님을 보고 듣고 맛보고 느끼고 생각하고 냄새 맡는 공간이다. 예수의 제자들은 예수를 통해 하느님을 만난다. 예수 몸-신전은 "(예루살렘) 신전보다 크다"(마태 12:6). 물리적 크기가 헤롯 신전보다 크다는 뜻이 아니다. '크다'는 것은 하느님을 만나는 영적 공간과 관련이 있다. 두세 사람이 예수의 이름으로 서로 사랑하며 만나는 곳에는 '임마누엘'의 신전 사건이 일어난다. 하느님이 거기에 계시며 그의 존재를 나타내는 것이다. 예루살렘 신전에 하느님이 계시는 것이 아니라 "사랑의 나눔 있는 곳에 하느님께서 계신다". 예수는 이것을 그의 죽음을 통해서 성취했다. 그가 죽을 때 신전의 휘장이 위로부터 아래로 찢어져(마르 15:33~41, 루가 23:44~49, 요한 19:28~30) 이제 그 기능이 다했다는 상징적 사건이 일어났다.

바울은 예루살렘 신전이 버젓이 서 있으며 위용을 자랑할 때 이미 그 신전이 다른 것으로 대체되었음을 알았다. 바울은 고린토 교인들을 향해 이렇게 선언한다.

> 여러분은 하느님의 신전이며, 하느님의 성령이 여러분 안에 거하신다는 것을 알지 못합니까? 누구든지 하느님의 신전을 파괴하면, 하느님께서도 그 사람을 멸하실 것입니다. 하느님의 신전은 거룩합니다. 여러분은 하느님의 신전입니다. (1고린 3:16~17)

> 우리는 살아 계신 하느님의 신전입니다. 그것은 하느님께서 말씀하신 바와 같습니다. '내가 그들 가운데서 살며, 그들 가운데로 다닐 것이다. 나는 그들의 하느님이 되고, 그들은 내 백성이 될 것이다.' (2고린 6:16)

하느님은 그의 영을 교회로 모이는 사람들에게 두고 그 모임을 신전으로 만든다. 바울의 선언은 이미 창세기에서 발견할 수 있는 사상이기도 하다. 하느님은 인간을 하느님의 형상에 따라 만들었다. 고대인들의 신과 신의 신상 사이의 관계를 배경으로 놓고 이해하면, 인간이 바로 야훼 하느님의 신상이라는 뜻이다. 하느님은 자신의 신상을 직접 만들어, 그가 만든 세상에 둔다. 그러니 그가 만든 세상은 실상 신전 자체이고, 그곳에서 생육하고 번성하는 인간은 바로 신의 대리인이 되는 셈이다. 신의 대리인은 특정한 누군가가 아니다. 하느님의 형상에 따라 지어진 모든 인간이 신의 현현이다.

히브리인들에게 보낸 편지 저자는 하늘에 있는 참된 신전에서 대제사장으로 일하는 예수가 밝히 드러난 사실을 선언한다. 예루살렘 신전에 연연하는 이들이 분명히 알아야 할 것은 그들이 "하늘에 있는 것들의 모형과 그림자에 지나지 않는, 땅에 있는 신전에서 섬"긴다는 점이다(히브 8:5). 예수는 자신의 몸을 찢어 예루살렘 신전의 제사가 더는 필요 없게 하였다. 곧 그는 자신의 삶으로 제사를 드려 하느님이 기뻐하시지 않는 소나 양으로 드리는 제사를 중지시킨 것이다. 예수가 드린 제사는 고난을 통해 순종을 배우며 자기 자신을 제물로 삼는 제사였다. 이를 통해 모든 사람이 담대하게 하느님과 긴밀히 사귀는 길을 열어놓았다. 누구든지 이제부터는 주님의 뜻을 따라 살아 있는 몸으로 드리는 제사를 행해야 한다.

> 우리는 확고한 믿음을 가지고, 참된 마음으로 하느님께 나아갑시다. 우리는 마음에다 예수의 피를 뿌려서 죄책감에서 벗어나

> 고, 맑은 물로 몸을 깨끗이 씻었습니다. 또 우리에게 약속하신 분은 신실하시니, 우리는 흔들리지 말고, 우리가 고백하는 그 소망을 굳게 지킵시다. 그리고 서로 마음을 써서 사랑과 선한 일을 하도록 격려합시다. 어떤 사람들의 습관처럼, 우리는 모이기를 그만하지 말고, 서로 격려하여 그날이 가까워오는 것을 볼수록, 더욱 힘써 모입시다. (히브 10:22~25)

이러한 히브리인들에게 보낸 편지의 가르침은 우리 몸을 거룩한 산 제물로 드리라는 바울의 권면과 공명한다. 이 예배는 이 세대를 본받지 말고 새롭고 변화된 마음으로 하느님의 뜻을 분별하고 실천하는 데에 있다(로마 12:1~2).

야훼 하느님을 나타내는 신상을 절대 만들지 말라는 계명은 인간이 하느님의 형상으로 지음을 받았다는 선언을 배경으로 읽어야 한다. 인간이 하느님의 신상이니 그를 하느님 대하듯 존중해야지 다른 신상을 만들고 그것에 절하는 어리석음을 범하지 말라는 뜻이다. 신상을 따로 만들면 안 되니, 그것을 따로 둘 신전이 필요 없다. 이것은 하느님을 만나고, 그가 현현하는 신전을 전면 부정하는 게 아니라 도리어 하느님의 형상을 지닌 인간이 있는 모든 곳이 신전이라는 의미다. 그러니 애당초 성서는 온 세계를 신전으로, 모든 인간을 신상으로 선언하는 급진적 가르침이다. 예수 그리스도는 하느님의 아들, 곧 그분의 형상으로 이 세상을 신전으로 살아가는 모습을 보여주었다. 그의 몸이 신전이고, 그를 통해서 모든 사람이 하느님을 오감으로 체험하도록 살았다. 따라서 그를 따르는 이들의 몸, 그리고 그 모임이 신전이 아닐 수 없다. 거룩한 산 제물로 자신의 삶을 드리는 사람들의 모임은 임마누엘의 신전이 된다. 하느님의 뜻이 드러나고, 이 세상과 길항하면서도 새 세상의 꿈이 실현되는 움직이는 신전이다. 신앙인들은 성서의 뜻에 따라 세상을 신전으로 삼고 신상으로 살아간다. 그러니 누군가 "돌 위에 쌓은 돌"을 두고 신전이라고 부르거든 그것은 성서적 신앙이 아니라고 말해주어야 한다.

이처럼 성서의 시각적 읽기는 종국에 신의 형상으로서 살아가기를 향한다. 이것을 다른 말로 하면 우리 삶의 신앙-예술적 형상화다. 성서 본문을 시각화하고 나아가 예술화하려는 노력은 우리 삶을 시각화하고 나아가 신앙-예술화하려는 것으로 향한다. 성서를 읽는 사람들은 결국 자신의 삶을 신앙-예술품으로 조형해 나가려는 것이다.

인간됨과 창조 이야기*

창세기의 창조 이야기(창세 1~2장)는 우주와 인간의 기원을 말한다. 그러나 이 기원 이야기는 우주와 인간의 과학적 기원과 발생을 해명하려는 목적이 아니라 하느님, 인간, 창조물의 참 본질과 그들 사이의 관계를 표현하기 위한 것이다. "하느님과 인간의 이미지, 하느님과 세상의 관계, 그리고 인간과 다른 피조물 사이의 상호관계 등을 성찰하는 데 기본적인 토대"[1] 이야기다. 홍길동전이라는 이야기가 있고, 그 이야기 배후에는 적서차별 철폐, 이상사회 건설 등의 이념이 있듯, 성서의 창조 이야기 배후에는 그 이야기를 진행해 나간 창조에 관한 이념이 있다. 창조 이야기를 신학적으로 혹은 인문학적으로 읽어내면 우리는 그 결과로 '창조에 관한 이념', 곧 '창조론/창조이념'을 발견하게 된다. 이 창조론/창조이념을 하느

---

* 김학철, '성서의 시각적 읽기', 41~72의 일부를 수정하였다.

1 테렌스 E. 프랫하임, 『오경』(대한그리스도교서회, 2015), 87.

님, 인간, 우주 및 그들의 상호관계를 설명하는 참된 진리라고 믿고 받아들일 때 이것은 '창조 신앙'이 된다.

성서의 창조 이야기가 최종적으로 기록될 당시에는 다른 종교나 신화의 창조 이야기가 이미 존재했다. 창세기를 현대의 비평적 시각에서 이해하려는 주된 흐름은 역사비평학에 기초한다. 이 흐름은 창세기의 "본문을 역사적 맥락에 두고, 본문을 시간의 역사와 연결하고, 고대의 문학적 관습을 존중"하는 것이다.[2] 역사비평학적 읽기는 창세기를 당시의 다른 신화 문헌과 비교해 읽을 것을 주문한다. 창세기 1~2장의 창조 이야기는 메소포타미아의 신화, 곧 아트라하시스Atrahasis, 길가메쉬Gilgaesh, 에누마 엘리쉬Enuma Elish 신화나 우가릿 문헌에 나온 가나안 신화, 또 이집트의 아크나톤 등을 비롯한 여러 창조 신화와 대비하여 읽을 때 그 이야기의 이념이 더욱 또렷이 드러난다고 여긴다.

고대의 다른 지중해 세계 신화들과 비교할 때 창세기의 창조 이야기는 유사한 부분과 완연히 다른 부분을 갖는다. 신이 혼돈으로부터 질서와 조화를 이루어 냈다는 것은 공통된 특징이다. 그러나 질서와 조화를 끌어내는 과정에서 성서는 두 가지 차이점을 주장한다. 먼저 성서에서 창조주는 단 한 신으로 언급되며, 다른 신화와는 달리 창조 과정에 창조주가 다른 신들과 전쟁이나 갈등을 겪지 않았고, 창조의 재료가 패배한 혹은 죽은 신의 시체가 아니라는 점이다. 둘째, 신은 자기가 한 창조의 결과를 '좋았다'고 긍정하고

2 존 콜린스, 『히브리성서 개론』(한국그리스도교연구소, 2011), 31.

그들에게 복을 내리는 장면도 다른 신화에 비해 도드라진다.

다른 지중해 신화와 성서 역시 창조 이야기에서 인간의 창조를 말한다. 그러나 인간 창조에서도 성서는 독특한 주장을 한다. 일단 창세기 기자는 인간 창조가 창조의 목적인 듯 많은 분량을 할애하여 창조 이야기의 절정에 인간 창조 이야기를 가져다 놓는다. 나아가 신은 인간에게 복 주고 그들의 생육과 번성을 명령의 형태로 격려한다. 앤더슨이 지적했듯, "기원전 18세기의 바빌론 아트라하시스Atrahasis 신화에서 인간의 인구 증가에 위협을 받아 혼란스러워진 신들은 인구 증가를 억제하려고 모색"[3]하는 장면과 매우 대조된다. 또 창세기는 인간이 신들을 섬기고 신들을 위해 강제노역을 하도록 창조되었다는 다른 신화와 뚜렷이 대조된다. 아카드 및 수메르 신화는 물론 아트라하시스 신화, 에누마 엘리시 신화 모두 인간은 신을 위해 노역하는 존재이며 신의 부속물일 따름이다. 그러나 창세기는 신이 그런 의도로 인간을 만들지 않았다고 한다. 성서의 인간 창조 이야기에서 가장 특징적인 묘사는 천상 회의를 거친 듯 신은 '우리'가 '우리'의 '형상'צֶלֶם에 따라서 인간을 만들자고 결의하는 장면이다.

앞장에서도 밝혔듯이 고대 지중해 세계 사람들에게 '하느님의 형상'은 신전에 두는 신상을 의미했다. 신들은 신상을 통해 자신을 현시하고, 그 신상을 모실 신전을 지으라고 명령하며, 신상에게 제사를 드리라고 요구했다. 인간이 신의 형상이라는 창세기의 설명

---

3 버나드 W. 앤더슨, 『구약신학』(한들출판사, 2001), 162.

은 인간이 바로 하느님의 현현이며, 인간이 거주하는 세상 전체가 신전임을 의미한다. 또 신상이 신을 대리하듯 인간은 신의 대리자로서 신의 일을 이 땅에서 수행한다. 이것은 기본적으로 인간의 위엄, 곧 다른 창조물과는 다른 독특한 지위를 선언하는 것이다. 서양의 인간에 대한 이해, 곧 다른 창조물에 비해 인간이 갖는 독특성과 우월성에 논의는 이 신상, 곧 '하느님의 형상'에 대한 설명이라고 할 수 있다.

미켈란젤로의 《아담의 창조》

하느님의 형상이 무엇을 의미하는지를 두고는 많은 논의가 있었다. 미켈란젤로Michelangelo Buonarroti(1475~1564)는 그간 서양의 논의 가운데 주요한 주장 하나를 반영하는 그림을 그렸다(그림 6). 이 그림은 로마의 시스티나 성당Cappella Sistina의 천장화 중 하나다. 시스티나 성당의 천장화를 비롯하여 내부 성서화 제작을 주문받은 미켈란젤로는 성당의 내부를 그가 살던 시대와 자신의 신학을 반영하여 하나의 신학적 구조물로 제작하였다.

미켈란젤로의 《아담의 창조》는 이후 수많은 패러디가 등장할 정도로 세계에서 가장 유명한 이미지다. 이 그림은 단지 균형 잡힌 구도와 알맞은 색감, 묘사의 탁월함만이 아니라 하느님과 인간, 그리고 인간의 창조에서 하느님의 형상이란 무엇인지에 대한 신학적 토의의 결과가 반영되어 있다. 가령 그림의 아담에게 있는 배

그림 6 미켈란젤로, 《아담의 창조》, 1511~1512년, 280×570cm, 프레스코, 로마 시스티나 성당.

꼽, 이른바 '아담의 배꼽' 하나도 심사숙고의 대상이 되었다. 당시 신학적 상식으로는 아담은 여자에게서 난 것이 아니라 하느님에게 창조되었기 때문에 탯줄이 있을 리 없고, 따라서 배꼽을 그린다는 것은 성서의 기록에 어긋날 수 있다. 이 문제를 두고 교황청에서 토론이 벌어졌고, 논의 후에 배꼽을 그대로 두기로 하였다. "배꼽을 지워버리면 성서 해석상의 시빗거리는 사라지겠지만, 배꼽이 있는 편이 오히려 감상자들의 호기심을 사로잡는 데 도움이 될 거라는 의견 때문이었다."[4]

이 그림에서 신과 아담은 모두 근육이 잘 잡힌 멋진 남자로 등장한다. 이것은 가부장제 사회에서 하느님을 '아버지'로 고백하는 것을 반영하기도 하고 동시에 성서에서 남자만을 가리켜 하느님의 형상이라고 부르는 본문을 반영할 것일 수도 있다(창세 5:1~3, 1고린

[4] 오근재, 『인문학으로 그리스도교 이미지 읽기』(홍성사, 2012), 84.

11:7). 신과 아담은 각각 오른팔과 왼팔을 내밀고 다른 팔은 굽혀서 몸의 균형을 이루게 하는데, 이것은 아담이 '하느님을 따라 하고 있다'는 것을 보여준다. 하느님이 내민 손가락을 향해 아담은 손가락을 맞추려고 하는데, 이것은 신과 인간이 서로 연결되는 존재임을 암시하고, 이 손가락이 맞닿는 순간 생명이 전해져서 아담의 창조가 완료되리라는 기대를 갖게 한다. 이 그림에 대한 다른 토의는 신이 왼팔로 감싸고 있는 존재가 누구인지를 두고 일어났다. 여성의 모습을 띠고 있기에 하와라는 견해부터, 성모 마리아, 지혜, 인격화된 인간의 영혼, 여성 모습의 천사 등등에 이르기까지 정체에 대한 탐구가 계속되었다. 해석자들은 미켈란젤로가 이 그림에서 하느님의 형상으로 제안한 것은 "하느님을 따라 함"과 "신을 닮은 외양"을 염두에 둔 것이 아닌가 하고 추측했다.

《아담의 창조》에서 미켈란젤로가 생각한 신의 형상이 무엇인지에 대한 새로운 주장은 미술계나 신학계가 아니라 의학계에서 제기되었다. 메쉬버거Frank Meshberger는 미국 의학 학술지에 미켈란젤로의 신과 그가 걸친 망토, 그리고 그 안에 인물 배치가 인간 뇌의 단면도의 해부학적 모양과 일치한다고 밝혔다.[5] 그림의 경계선들을 포함한 여러 묘사가 뇌의 안쪽과 바깥쪽 표면의 홈sulci, 뇌간brain sterm, 뇌저동맥basilar artery, 뇌하수체pituitary gland, 시신경 교차optic chiasm 등과 관련이 있다. 또 신과 인간의 손이 닿아 있지 않은 데

---

5 Frank Lynn Meshberger, 'An Interpretation of Michelangelo's Creation of Adam Based on Neuroanatomy', *Journal of the American Medical Association* 264 (14/1990), 1837~1841.

도 아담이 살아 있는데, 이것은 마치 생명의 전극이 시냅스 간극synaptic cleft을 통해 전달하는 듯하다. 신의 오른팔 밑에 슬픈 얼굴을 한 천사가 있는데, 이것은 사람이 슬픈 생각을 할 때 PET 스캔에서 나타난 뇌의 영역과 일치한다. 신은 인체의 기본적인 감정과 욕구를 관장하는 신경계인 변연계limbic system에 겹쳐 누워 있고, 미켈란젤로는 뇌의 영역 중에서도 바로 이곳에 인간의 영혼이 있다고 생각했던 것 같다는 것이 메쉬버거의 주장이다. 신의 오른팔은 인간 뇌의 가장 창조적이고 독특한 부분인 전액골 피질prefrontal cortex로 뻗어 있는 모양이다.

외관상 뇌의 시상 단면 해부도와 미켈란젤로의 신과 망토의 형상은 놀라울 정도로 일치할 뿐 아니라 미켈란젤로는 잘 알려진 대로 해부학에 능했다. 물론 현대의학이 밝혀낸 세세한 부분까지 미켈란젤로가 알고 그것을 반영했다는 듯한 주장에 전적으로 동의하기는 힘들다. 그러나 미켈란젤로의 해부학적 지식과 당시의 시대, 곧 인간의 이성에 새롭게 눈뜨던 르네상스 시대라는 점을 고려하면 인간을 다른 창조물과 전적으로 구분해 주는 하나님의 형상을 '뇌'와 관련된 이성이라고 미켈란젤로가 생각하고 그렸다는 주장은 수용할 만하다. 하느님의 형상을 '뇌' 곧 이성과 연결한 관점은 근대 과학의 발달과 더불어 매우 널리 알려진 견해가 되었다.

다른 한 편 우리나라에는 소개되지 않았지만 그림의 깊이에 관하여 이미 널리 인정받고 있는 화가 새뮤얼 박Samuel Bak(1933~)은 미켈란젤로의 《아담의 창조》를 패러디하여 《전쟁 때의 창조 III》(그림 7)를 그리면서 '하느님의 형상'이 무엇인지를 새롭게 제시했다. 유대인이었던 그는 어린 시절 가족 모두가 유대인 수용소에 강제 수용되었고, 그곳에서 간신히 살아남아 세계를 주유하다 미국에 정착하였다. 《전쟁 때의 창조 III》는 그의 다른 많은 그림과 같이 그의 수용소에서의 경험이 녹아있다. 미켈란젤로의 《아담의 창조》를 패러디했지만, 그 분위기는 사뭇 다르다.

새뮤얼 박의 그림에서 아담은 지쳐 있는 포로다. 그는 폭격을 맞아 거의 다 부서진 집의 벽 사이에 있다. 그의 뒤편과 오른편에는 불발탄으로 보이는 포탄이 터지지 않고 남아 있다. 주변은 쓰레기가 널브러졌다. 깨진 돌, 대야와 그 안에 담긴 컵, 냄비 뚜껑, 빈 통조림, 빈 물병이 그의 주위에 있다. 포로가 입은 옷은 이곳저곳 찢겼고, 머리를 박박 깎였다. 미켈란젤로의 하느님은 새뮤얼 박에게서 매우 다르게 나타난다. 하느님은 포탄이 박살 낸 벽 빈 공간에 '없이 있다'. 빈 공간이 사람 형상을 만들어내니 무엇인가 있지만, 그것은 실상 빈 공간일 뿐이다. 저 뒤에서 피어나는 굴뚝의 연기가 빈 공간을 통해 뚜렷이 나타난다. 하느님의 손은 벽에 걸린 장갑으로 인식할 수 있다. 다시 말해 하느님은 지금 '간신히 존재한다'. 그 '간신히'도 폭탄이 만들어낸 것이다. 시스티나 성당에 가

그림 7 새뮤얼 박, 《전쟁 때의 창조 III》, 1999년, 81.2×101cm, 유화.

서 고개를 뒤로 젖히고 감탄하며 보는 그 하느님과 아담, 이상적인 몸과 멋진 몸짓은 모두 사라졌다. 그림 속 인간은 없이 있는, 혹은 있이 없는 하느님을 향해 마지막 힘을 다 사용해 손가락을 내밀려고 한다. 마치 그것이 인간을 인간답게 만들어준다는 듯이 말이다. 여기서 인간이 신의 형상이라는 것은, 절망에 빠진 인간이 최후의 여력을 없이 있는 혹은 간신히 존재하는 신을 찾는 데에 쓰는 것이고, 바로 그러한 행동이 인간을 인간답게 만들어준다고 암시한다.

새뮤얼 박의 시각적 읽기는 빗나간 것인가? 그의 나치 수용소 경험이 창세기의 인간 창조 이야기와 미술사의 빛나는 그림인 미켈란젤로의 《아담의 창조》를 왜곡하게 만든 것인가? 새뮤얼 박의 강렬한 그림과 그에 따라 나오는 물음은 인간 창조 이야기를 다시 살펴보게 한다. 성서 본문 읽기에서 형성된 이해가 미켈란젤로를 거치면서 르네상스 시대의 인간 이해로 구체화되는 듯했는데, 이제 새뮤얼 박의 그림을 통하여 본문이 무엇을 말하는지 다시 읽고 판단을 내려야 하는 지점에 이르게 되었다. 다시 말해 박의 그림은 감상자에게 "성서 본문과 성서-이미지의 교차 이해"를 촉구한다. 그리고 이러한 촉구는 역사비평으로 우리를 이끈다.

창세기 1장의 창조 이야기는 제사장 문서 P에 속한다. 이 문서는 바빌론 포로기 아니면 포로기 바로 이후에 기록된 것이다. 혹독한 전쟁 후에는 전쟁의 상처를 반영하는 '전쟁 문학'이 나오듯, 혹독한 민족의 시련기에는 그 위기를 이겨내려는 신앙의 노력이 있었고 P는 이를 정돈된 언어와 문체로 충실히 수행하려 하였다. 바빌론 포로기 속에서 유대인들은 노스탤지어와 바빌론 사람들에 대한 원한과 증오가 뒤섞인 격심한 감정 속에서 민족적 열패감과 자괴감을 느꼈다. 그들이 끌려간 바빌론에는 마르둑 종교가 공식종교로서 전쟁 포로이자 노예인 유대인들의 처지를 설명하였다. 마르둑의 신화에 따르면 마르둑은 젊은 신들을 이끌고 어머니 신 티아마트와의 전쟁을 통해 신들의 왕이 된다. 이후 창조를 위해 패배자인 티아마트의 시체를 이용한다. 전쟁에서 승리한 마르둑은 허드렛일을 계속하는 동료 신들의 불평을 잠재우기 위해 인간을 창조한다. 바빌론의 통치자 네브카드네자르(느부갓네살) 2세는 자신이 바로 마르둑의 지상 대리자, 곧 마르둑의 '형상'이라고 선전했다. 자신이 크지 않은 도시 국가에서 출발해 전쟁을 통해 제국을 세웠는데, 네브카드네자르 2세는 마르둑 신화를 내세워 패배자의

'시체'로 제국을 세우고자 했다. 마르둑의 행동을 따라 네브카드네자르 2세는 정복지 사람들을 자신의 노예로 삼았다.

P 문서의 창조 이야기는 끌려간 유대인들이 그들에게 전해진 신앙 유산을 바로 이 마르둑의 창조 이야기와 견주며 기록한 것이다. 그곳에서 야훼를 따르는 유대인들은 세상의 창조는 전쟁이 없이, 패배자의 피와 시체 없이 오직 창조의 상상력과 능력만으로, 곧 '말씀으로' 창조되었다고 선언한다. 전쟁 포로이자 노예인 유대인들은 통치자 단 한 명만이 아니라 모든 인간이 신의 형상이며, 따라서 인간을 함부로 대하는 것은 신을 함부로 대하는 것과 같다고 선언한다. 나아가 성서의 창조 이야기는 자유인에서 노예로 전락한 유대인들의 세상을 향한 절망을 기록하지 않는다. 대신 성서의 창조 이야기는 혼돈에서 질서로 옮겨가는 창조, 그 창조의 결과를 하느님께서 긍정하셨다고 기록함으로써 유대인들 역시 현재 삶을 긍정해야 함을 가르친다. 창조 이야기를 두고 일어나는 유대인들의 야훼 신앙과 마르둑 신화 사이의 대결이 창세기에서만 발견되는 것은 아니다. 이사야서 40-55장에 나타난 창조 신학은 바로 이 주제, 곧 야훼와 마르둑의 대결과 그 결과를 예언한다. 결국 여러 학자가 주장하듯 바빌론 포로기는 유대인들이 그들의 신인 야훼를 다시 한번 새롭게, 그리고 더 큰 범주에서 이해하게 된 계기가 된다.

새뮤얼 박의 그림이 주는 도발적 함의는 미켈란젤로의 그림과는 다른 차원에서 위에서 살펴본 창조 이야기의 역사적 함의와 조화를 이룬다. 박의 그림에 등장하는 인간은 바빌론 포로기에 끌려간 유대인의 모습이며, 또 20세기 나치에 끌려가 강제로 수용된 유대인의 모습이다. 그들은 세상을 절망하고 상황을 비관할 수밖에 없는 처지에 놓여있으나 결코 그렇게 하지 않고, 바빌론 포로지에서 또 유대인 강제 수용소에서 마지막 남은 힘을 모두 모아 하느님을 향해 손가락을 펼치고 있다. 바로 그렇게 하느님을 향하여 나가려는 자세와 결의가 인간을 인간답게 만든다. 여기서 하느님의 형상은 그를 닮아 자신이 놓인 운명적 굴레에서 벗어나 초월하고자 하는 인간의 모습이라 할 수 있다.

창세기에 나타난 인간의 창조가 그러한 것이라면, 아예 천지 창조 이야기 자체가 혼돈과 허무와 깊이를 알 수 없는 어둠과의 싸움으로 볼 수 있지 않을까? 창조는 생존과 번영을 향한 간절함의 이야기가 아닐까?

새뮤얼 박의 《베레쉬트 바라》[6]

성서에서 제일 처음, 그리고 가장 원초적인 악의 심상은 창세기 1장 2절에 나온다. 창세기에 따르면 하느님이 천지를 창조하기 전 땅은 "혼돈하고 공허하며, 어둠이 깊음 위에 있었다". 또 "하느님의 영은 물 위에 움직이고 계셨다". 혼돈, 공허, 어둠, 깊음, 그리고 '영/바람'과 물 등이 이후 '악'으로 불리게 될 모든 것의 시원적

---

6 이 부분은 김학철, '네 이름이 무엇이냐? - 성서와 신학 속 악의 고고학적 지형도', 「문학동네」 23 (3/2016), 3~5를 수정한 것이다.

심상이다.

먼저 혼돈(토후תֹהוּ)과 공허(보후בֹהוּ)가 한 쌍으로 나온다. '혼돈'은 형태가 없다는 것이고, '공허'는 텅 비었다는 것이다. 이 둘은 종잡을 수 없고, 아무것도 없음이다. 말 그대로 아무것도 없으면 혼돈이라는 말이 성립하지 않는다. 혼돈하고 공허하다는 것은 분별이 되지 않고, 분별이 되지 않으니 알 수 없고, 알 수 없으니 공포를 느끼는 상태다. 클리퍼드 기어츠Clifford Geertz의 통찰대로 인간의 "경험에서 의미를 읽어내고 거기에 형태와 질서를 부여하려는 충동은 그보다 더 익숙한 생물학적 욕구들 못지않게 실제적이고 절박하다". 형태와 질서를 부여하지 못하면 그곳은 삶의 터전, 곧 생명이 나오는 상태가 되지 못하기 때문이다. 혼돈과 공허는 생명 부재, 분간 불가능의 사태이고, 죽음의 공포를 불러온다. 시간이 지나고 히브리어 '토후'와 '보후'는 한 데 묶여 '황량하고 버려진 땅'을 뜻하기도 하였다. 분간이 안 가기에 길을 잃을 수밖에 없는 곳, 황량하여 어떤 생명도 살지 못하는 곳, 그곳은 이스라엘 사람들에게 광야나 사막을 떠올리게 한다. 광야나 사막은 이후 유대 전승에서 악마가 거주하는 곳으로 간주된다. 저 유명한 시편 23편의 "사망의 음침한 골짜기"는 광야에 그늘이 드는 골짜기를 가리킨다. 생명과 물이 없는 곳을 헤매다 지친 사람이 그늘진 골짜기를 발견하고 그곳에 찾아 들어가 최후를 맞는다. 골짜기는 그늘로 유혹하여 차곡차곡 사람의 시체를 수집하는 셈이 된다. 이후 그리스어를 사용하게 된 유대인들은 토후와 보후를 카오스χάος로 이해했다.

'어둠'(호쉐크חֹשֶׁךְ)은 악을 나타내는 익숙한 심상이다. 이 역시 위에서 언급한 혼돈 및 공허와 유사한 감정을 유도한다. 어둠은 분간이 안 되게 하는 것이며 동시에 생물의 생장을 가로막는 것이다. "구원의 '빛'"이라는 익숙한 표현은 사태를 명료하게 드러내며 생명을 키우는 빛을 구원으로 여기는 데서 왔다. 그래서 악한 영/존재는 어둠에 활동하며, '어둠의 영'으로 불린다. '깊음'(테홈תְּהוֹם)은 바닥이 없는 구덩이, 심연深淵을 가리킨다. 가늠이 안 되는 그곳을 들여다보고 있다고 상상해 보라. 악마와 지옥이 땅 아래 있다고 할 때, 그 '땅 아래'는 이로부터 유래된 것이다. "어둠이 깊음 위에 있었다"는 압도적인 두려움을 자아낸다.

"하느님의 영(루아흐 엘로힘רוּחַ אֱלֹהִים)은 물 위에 움직이고 계셨다"는 여러 논의를 낳았다. 논쟁의 핵심은 '영'(루아흐)이 동시에 '바람'을 뜻하며, '하느님'(엘로힘)은 최상급 형용사를 의미할 수 있기 때문이다. 위 구절을 하느님/최상급 형용사, 영/바람의 서로 다른 조합으로 번역할 수 있다. 혼돈과 공허, 어둠과 깊음, 광폭한 바람과 태초의 제어되지 않는 물이 자연스러운 흐름을 만들어내기도 한다. 이렇게 해석할 경우 "광폭한 바람이 물 위에 맴돌고 있었다"로 번역이 가능하다. 감당할 수 없는 바람과 제어되지 않는 물은 인간을 소멸하는 압도적 심상들이다. 창세기는 이렇게 이어진다.

> 하느님이 말씀하시기를 '빛이 생겨라' 하시니, 빛이 생겼다. 그 빛이 하느님 보시기에 좋았다. 하느님이 빛과 어둠을 나누셔서, 빛을 낮이라고 하시고, 어둠을 밤이라고 하셨다. 저녁이 되고 아침이 되니, 하루가 지났다. (창세 1:3~5)

그림 8 새뮤얼 박, 《베레쉬트 바라》, 1995년, 80×100cm, 린넨에 유화.

이 창조의 명령은 '악'을 극복하는 명령이다. 혼돈과 공허에서 '빛'이라는 '존재'를 만들고, '어둠'에 빛을 비추어 빛과 어둠을 나눈다. 다시 말해 분간이 되지 않던 것을 분간하여, 분간된 것에 이름을 붙이고, 마침내 분간된 것들이 제 곳에서 제 역할을 하게 한 것이다. 이는 '카오스'에서 '코스모스'로의 전환을 뜻한다. 고대 지중해 세계의 거의 모든 신화가 가지고 있는 혼돈 괴물과의 투쟁 Chaoskampf 주제의 변주라고 할 수 있다. '혼돈 괴물'Magnum Chaos은 악의 원초적 심상을 모은 최초의 악의 신격화/의인화다.

이미 언급했듯 창세기 1장이 바빌론 포로기를 배경으로 하고 있다는 점을 다시 생각해 보자. 그러면 창세기 1장의 배경으로 장엄하고 위엄에 찬 하이든Franz Joseph Haydn의 오라토리오 《천지창조》

만이 아니라 새뮤얼 박이 그린 《베레쉬트 바라》(그림 8)[7] 역시 해당 본문의 예술적 형상화로 적합하다고 판정할 수 있다. 이 그림의 배경은 유대 광야라 할 만하다. 어떤 생명도 없고, 인간의 흔적 역시 없다. 생명이 움틀 여건이 되지 않는다. 공허와 혼돈이다. 바위가 솟은 언덕에 부서진 히브리어 글자들이 널브러져 있다. 어떤 글자는 땅 위에 깨져 버려졌고, 어떤 글자들은 바위에 기대어 간신히 서 있다. 그것이 박이 통찰한 태초에 시작된 창조다. 삶이 완전히 망가진 상태에서 다시 일어서려는, 질서와 아름다움과 영광을 회복하려는 창조가 필요한 시공간이다. 박은 생존하려는 몸부림과 창조가 서로 닮아있다고 말한다. 미켈란젤로와 새뮤얼 박의 해석 중 어느 것이 성서 본문을 적절히 해석한 것일까? 우월을 가릴 수 없다. 우리는 이 둘의 해석을 딛고 창조에 관해 또 다른 해석을 찾아 나설 수도 있다.

---

7 문자적으로 이 문구는 "태초에 그가 창조하였다"를 의미한다.

믿음의 손

성서에서 믿음은 어떤 교리나 사실을 받아들이는 것에 머물지 않는다. 그것은 관계에 관한 의지와 정서와 지식에 관한 것이다. 곧 하느님이나 예수 그리스도의 인격과 약속, 그리고 사랑과 능력을 향한 신실함을 뜻한다. 신앙인이 가져야 할 믿음은 고통의 시기와 무능력의 협곡 속에서도 흔들리지 않고, 꿋꿋하게 길을 걷게 하는 힘의 근원이 된다. 또 감사와 찬양을 가능하게 하는 통로이기도 하다.

하갈의 불운한 운명과 동정 어린 시선

아브라함의 아내 사라의 몸종, 아브라함의 첩, 이스마엘의 어머니로 기억되는 하갈에 대해서는 보통 두 가지 시선이 있다. 하나는 그를 부정적으로 간주하는 것이다. 본부인이 아니라 첩이고, 자유인이 아니라 몸종이며, 구약에서 언약의 혈통인 이스라엘이 아니라 이집트 여인이니 신분이나 출신에서 그가 누릴 수 있는 명예는 거의 없다. 그런 처지에서 태어나서 살아가라고 한다면 달가워할 사람은 없다. 그에 대한 부정적 시선은 갈라디아 교회에 보낸 바울의 서신에서 힘을 얻기도 한다(갈라 4:21~31). 그곳에서 바울은 역설적으로 이집트 사람 하갈을 육신과 시내 산, 그리고 예루살렘 및 종노릇과 연결한다. 그는 그러한 것들 반대편에 성령과 하늘의 예루살렘이 있다고 선언하고는 "여종과 그 아들을 내쫓아라"라는 사라의 말(창세 21:10)을 인용한다. 여기서 하갈은 부정적인 것들의 어머니가 된다.[1]

하갈을 측은히 바라보는 다른 시선이 있다. 이 시선에서 하갈은 불쌍하고 돌봄을 받아야 할 사람으로 등장한다. 조금만 살펴봐도 하갈은 기구한 인생의 주인공이라 할 만하다. 자기 운명에 화를 낼 만하다. 가난하게 태어나 고향을 떠나 누군가의 몸종이 되고, 사랑하는 남자가 아니라 늙은 남자에게 시집 아닌 시집을 가게 된다. 시집가는 이유는 다름 아닌 대리모가 되기 위해서였다. 대리모 하갈은 아기를 낳아도 자기 자식이 아니라 주인 사라의 자식이 되고 만다. 아이를 가졌을 때 하갈이 주인인 사라를 가볍게 보자(우리말

---

[1] 바울은 갈라디아인들에게 보낸 편지에서 구약을 알레고리화하고, 모형론적인 알레고리 해석에 이어 상황에 재적용한다. 이것은 "유대 전통에서 소외된 이방인 그리스도인들을 구속사의 중심 틀 속으로 포함시키기 위한 노력"이었다. 이영미, '바울의 구약 전승의 알레고리allegorization와 상황적 적용: 갈라디아서 4:21~31을 중심으로', *Canon & Culture* 8 (2/2014), 105~134. 그러나 역설적이게도 이집트인 하갈을 역으로 소외해 버리기도 한다.

번역을 포함해 몇몇 외국어 번역은 이에 해당하는 히브리어 동사를 '멸시했다'라거나 '깔보았다'로 강하게 번역한다) 사라의 학대를 받아 임신한 몸으로 도망하기도 하였다. 다시 아브라함의 집으로 돌아왔지만, 하갈은 늘 그랬듯 또 한 번 위태로운 처지에 놓였다. 이 땅에서 누군가의 행복은 다른 이들의 불행과 직결되는 경우가 종종 있다. 마침내 하느님의 약속대로 사라가 아들을 임신하고 아들 이삭을 낳았다. 이 기쁜 소식은 하갈과 이스마엘에게만은 암울한 전조였다. 둘은 결국 아브라함의 집에서 쫓겨나게 된다. 사라는 이스마엘이 자기 아들 이삭을 놀리는 것을 보고, 이를 참지 못하여 '이 여종과 그 아들'을 내쫓으라고 아브라함에게 요구했다. 사라가 쫓아내라는 사람들은 '이 여종과 그 아들'이 아니라 '아브라함의 부인이자 그의 아들'이기도 하다.

네덜란드 바로크 시대 화가인 렘브란트는 개신교 미술사에서 최고의 화가로 꼽힌다. 많은 성서화를 그렸는데, 독창적인 성서해석이 빛난다. 그의 공헌 중 하나는 에칭화 기법에 혁신을 가져온 것이었다.

렘브란트는 아브라함이 사라의 요구를 받아들여 하갈과 이스마엘을 내쫓는 장면을 그린다(그림 9). 그는 집 안에 있는 사라의 기묘한 웃음과 흐르는 눈물을 닦느라 얼굴을 가린 하갈을 대조적으로 보여준다. 또한, 집 안 벽이 만들어주는 그림자 속에 숨은 이삭과 내쫓기는, 그러나 그것이 무엇을 의미하는지 모르는 이스마엘의 천진한 뒷모습을 대립해 보여준다. 이스마엘은 마치 소풍이라도 가는 듯 길을 나선다. 아브라함이 하갈에게 내어준 것이라고는

그림 9　렘브란트, 《하갈과 이스마엘을 쫓아내는 아브라함》, 1637년, 13×10cm, 에칭과 드라이포인트.

떡과 한 가죽 부대의 물뿐이었으니 그럴 만도 했다. 가운데 선 아브라함의 자세는 대단히 흥미로운데, 사라 쪽에 있는 아브라함의 오른손과 발은 하갈 쪽의 것들보다 조금씩 높다. 이것은 아브라함의 마음을 표현한다. 이 자세를 통해서 우리는 사라가 아브라함의 마음을 '아주 조금' 더 차지하고 있음을 알 수 있다. 그 '아주 조금'이 운명을 갈랐다. 총의 초점을 맞추는 크리크의 몇 밀리미터가 이후 몇백 미터를 갈라놓는 것처럼 말이다. 그림 속에서는 계단을 내려와 하갈과 이스마엘을 배웅하는 개만이 쫓겨나는 하갈과 이스마엘에게 '인정人情'을 보여준다. 개는 사라처럼 웃음을 지어 보이지도 않고, 아브라함처럼 우물쭈물하지도 않는다. 이삭처럼 집 안쪽에 편히 머물지도 않는다. 그것은 자신과 함께 지낸 사람들을 원래 하던 대로 배웅할 뿐이다.

아브라함이 하갈에게 준 것은 단지 먹을거리 얼마와 물 한 가죽 부대뿐이었는데, 이것은 당시 대리모에게서 아이를 낳게 할 때 그 여인에게 주어야 할 보상보다도 형편없이 적은 것이었다. 그 연약한 모자母子가 광야에서 정처 없이 헤매고 다녔을 것을 떠올려보자. 적지 않은 독자들은 사라는 물론이고, 얼마간 아내 역할을 하고, 아들을 함께 키운 하갈을 그렇게 내보내는 아브라함에게도 분노를 느낄 수 있다. 광야에서 갈증과 두려움에 통곡하는 모자의 모습은 누구에게나 측은지심을 불러일으킨다.

불행과 동정을 넘어서는 믿음의 어머니의 손

그러나 하갈이 등장하는 이야기를 찬찬히 읽어보면 '불행한 운명의 여인'이나 '동정을 자아내는 여인'의 두 시선 모두 하갈을 수동적 인물로만 파악하고 있다는 것을 알게 된다. 이야기 속에 등장하는 하갈은 매우 놀라운 방식으로 하느님을 만나고, 그 만남에서 일어난 언약을 믿고 살아간, 마치 아브라함, 이삭, 야곱과도 같은 사람이다. 하느님은 하갈을 그렇게 '믿음의 조상'[2]들 가운데 하나로 세웠다.

하갈이 '믿음의 조상'으로 훌륭히 역할을 담당하고 있다는 사실은, 마음을 열고 하갈의 이야기를 꼼꼼히 읽으면 이내 알 수 있다. 임신 중에 사라로부터 학대를 당하자 하갈은 사라를 피해 광야로 도망을 간다. 이때 하갈은 '주님의 천사'를 만나고, 여주인에게 돌아가서 복종하며 살라는 말을 듣는다. 그러나 주님의 천사가 하갈을 학대와 고통의 장소로 돌려보내려고만 한 것은 아니다. 천사는 '몸종으로 주인에게 복종하며 살라'는 억지 윤리를 가르치지 않는다. 그는 가난하게 태어나 나그네 집안에 몸이 팔려 평생 다른 사람의 몸종으로 살아가는 하갈, 그러다가 노인의 '씨받이'로 들어간 하갈, 아이를 갖고 이제 사람처럼 살아볼 수 있으려나 하고 어깨를 한 번 펴보다가 '네 꼴을 알라'며 구박하는 여주인을 피해 달아난 하갈에게 소망을 품도록 한다. 주님의 천사는 하갈에게 많은 자손을 주겠다는 언약과 함께, 이제 태어날 아기에게 이스마엘 곧 '하느님이 들으신다'라는 뜻의 이름을 선사한다. 천사는 그렇게 약속하는 이유를 알려준다. 하갈이 "고통 가운데서 부르짖는 소리를 주님께서 들으셨기 때문이다"(창세 16:11).

천사와 하갈이 만나는 이 장면은 익숙하게도 보이지만 실상 놀라운 것이다. 고통 가운데 부르짖는 소리를 듣고 하느님이 주님

[2] '조상'의 조祖가 '할아버지'라는 남성을 지칭하기 때문에 여인인 하갈을 '조상'이라고 부르는 것이 적절한 것은 아니나 하갈이 아브라함 등을 '믿음의 조상'이라고 부르는 것에 버금간다고 여겨 이 말을 사용하였다.

의 천사를 내려보내 사람을 방문한 것은 창세기에서 이번이 처음이다. 그리고 하갈은 이른바 '수태고지'를 받은 최초의 인물이기도 하다. 마리아가 천사를 통해 예수의 잉태를 알았듯, 하갈은 천사를 통해 많은 자손을 약속받는다. 이로써 하갈은 성서 전체에서 수많은 자손을 약속받은 유일한 여성이 되었다. 하갈 이전에도, 그 이후에도 수많은 자손을 약속받은 여인은 없다.

무엇보다 놀라운 것은 하갈이 하느님의 이름을 지은 사건이다. 하갈은 "'내가 여기에서 나를 보시는 하느님을 뵙고도, 이렇게 살아서, 겪은 일을 말할 수 있다니!' 하면서, 자기에게 말씀하신 주님을 '보시는 하느님'(엘로이)이라고 이름 지어서 불렀다"(창세 16:13). 하느님의 이름을 짓다니! 그리고 이에 대해 하느님이 그를 꾸짖기보다는 그 이름을 순순히 받아들이시다니! 이것은 구약에서 매우 독특한 장면이라고 할 수 있다. 이름을 짓는 것은 그 대상에 대해 특별한 권리를 주장하는 행위다. 주님의 천사는 태어날 아기의 이름을 이스마엘이라고 지으라 하면서 그의 앞날에 대해 언약을 했는데, 이에 하갈은 그에게 나타난 하느님의 이름을 지어 하느님과 특별한 관계에 있고자 한 것이다. 구약성서에서 그러한 예는 찾아보기 어렵다. 나아가 하갈은 족장들이 그러했듯 하느님을 만난 그 샘의 이름을 브엘라헤로이(나를 보시는 살아 계시는 분의 샘)로 지어 그곳을 거룩한 곳으로 만들기도 하였다. 하여 하갈을 '최초의 신학자'로 수용하는 이해도 있다.[3]

---

3 이환진, '이집트 여종 하갈의 엘로이', 「세계의 신학」 27 (1995), 66~88 특히 86~88.

하갈은 주님의 천사의 명에 따라 사라에게로 돌아간다. 그는 언약에 근거한 믿음을 가지고 돌아갔다. 여주인의 몸종으로, 대리모로 당분간 살아갈 수밖에 없을 것이다. 마치 아브라함이 갈 곳을 알지 못하고 떠나듯이 말이다. 그러나 하갈은 사라도, 심지어 아브라함도 더는 자기 운명의 주인으로 생각하지 않았다. 그는 이제 사람의 몸종에서 하느님의 언약을 믿는 사람으로 거듭나 있었다. 자기 몸으로 낳는 아이도 아브라함의 아이가 아니라 '하갈의 아이'가 될 것이다.[4]

하갈과 이스마엘을 내쫓으라는 사라의 말에 아브라함은 괴로워했으나 하느님의 음성을 듣고 하갈과 이스마엘을 '내보내기'로 하였다. 아브라함이 하갈과 이스마엘에게 준 보잘것없는 먹을거리와 마실 물에 주목할 수도 있지만, 사라의 '내쫓다'와 아브라함의 '내보내다'가 히브리어로 서로 다른 동사로 쓰였다는 것, 그리고 아브라함의 '내보내다'는 출애굽기 5장 1절에서 하느님이 파라오에게 자신의 백성을 '가게 하라'고 명령할 때의 바로 그 동사와 같다는 점에 더 유의해야 한다. 또 16장에 나온 사라의 하갈 '학대'와 파라오의 히브리인 '학대'가, 하느님이 하갈과 이집트에서 부르짖는 히브리인들의 고통의 소리를 '들으셨다'가 모두 같은 단어로 쓰였다는 점에도 주의를 기울여야 한다. 나아가 광야에서 하느님을 만나고, 하느님의 이름을 통해 그분의 본 모습이 계시되는 것 등이 모두 하갈 이야기와 출애굽 이야기에서 공통되게 반복된다는 점

[4] 내 시각과 비슷한 논문이 있다. Thomas Michel, 'Hagar: Mother of faith in the Compassionate God', *Islam and Christian-Muslim Relations* 16 (2/ 2005), 99~104.

그림 10 프레데릭 구달Frederick Goodall, 《하갈과 이스마엘》, 유화, 137×244cm, 1866년경.

프레데릭 구달은 영국의 시각예술가다. 이집트를 주제로 그린 작품이 유명하고, 동시대 비평가와 예술가에게 호평을 얻었다. 이 그림에서 하갈의 모델이 된 여인 역시 이집트에서 만난 여인이었다. 구달은 이 여인이 그 여인의 오빠에게 잔인한 대우를 받는 것을 보고 경악했다고 전한다. 하갈을 묘사하기에 적합한 모델을 고른 셈이다.

도 잊지 말자. 이것은 히브리인들이 이집트에서 하느님의 부르심을 받고 탈출하여 언약 백성을 이루었듯 하갈의 후손들도 하느님의 부르심을 받고 이삭의 민족과는 다른 민족을 이루게 될 것을 알려준다. 비록 그 민족의 삶이 싸움과 분투의 여정이 될 것이고, 많은 이가 하갈의 후손을 호의적으로 대하지 않아서 그들 역시 전쟁의 삶을 살아야 하여도 그들은 어엿한 하나의 민족으로 살아갈 것이다(창세 16:12).

프레데릭 구달(1822~1904)은 하갈과 이스마엘에 대해서 통념과는 다른 해석을 내놓는다(그림 10). 하갈은 어린 이스마엘과 함께 뒤돌아서 아브라함의 집을 보지 않는다. 그는 아브라함에게 기대기보다 하느님의 언약을 믿는다. 비록 지금 눈 앞에 펼쳐진 것은 정처 없이 떠돌 수밖에 없는 막막하고 광활한 광야뿐이고, 몸에 지닌 것이라고는 물 한 동이와 빵 한 덩어리뿐이다. 아이는 어리고, 자신은 유린당하기 쉬운 여자다. 그러나 하갈은 걸어간다. 불끈 쥔 오른손은 그의 믿음과 의지를 보여준다. 하갈은 물동이를 어깨에 이고 자신이 내딛는 발걸음이 결코 죽음의 길로 가는 것이 아님을 확신하려 한다. 비록 떠나는 길에 굶주림과 지독한 갈증이 기다리고 있다고 해도 그는 하느님의 돌보심을 믿는다. 이스마엘도 어리광을 피우지 않는다. 그는 빵 가방을 들고 제 몫의 일을 하려 한다. 아이는 '엄마'를 바라보는데, '엄마'의 의연한 태도를 자신도 모르게 몸에 익힐 것이다. 믿음은 동정을 자아내는 불행과 고통에서 위로를 얻으려는 소극적인 태도가 아니다. 그것은 하느님의 언약을 믿고 나아가는 굳게 움켜쥔 손에 있다. 그렇게 꼭 쥔 손을 하느님은 잊지 않으셨다고 성서는 보도한다.

꽉 막힌 현실, 위를 가리키는 손

믿음에 관해 유명한 이야기는 마르코 복음서 9장 1~29절에 나온다. 특히 9장 14절부터 시작되는 귀신 들린 아들을 둔 아버지와 예수 사이에 일어난 대화를 많은 사람은 기억한다. 예수가 산 위에 베드로와 야고보와 요한을 데리고 올라간 사이, 산 아래에 남은 제자들은 서기관과 논쟁을 벌였다. 그 논쟁의 핵심 주제는 예수와 세 제자가 산 위에 올라가 있는 동안 귀신 들린 아들을 둔 아버지가 제자들을 찾아왔으나 제자들이 그 아들을 고치지 못한 것과 관련이 있었다. 예수가 돌아오자 아이의 아버지는 염치 불고하고 예수에게 다가가 사정을 호소하였다.[5] "귀신이 그 아이를 죽이려고, 여러 번, 불 속에도 던지고, 물속에도 던졌습니다. 하실 수 있으면, 우리를 불쌍히 여기시고, 도와주십시오." 이에 마음이 따뜻했을 것이 분명하던 예수는 아이 아버지를 꾸짖듯 대답하였다. 새번역은 이렇게 번역한다.

> '할 수 있으면'이 무슨 말이냐? 믿는 사람에게는 모든 일이 가능하다.

---

5 이 부분은 내가 쓴 『손으로 읽는 신약성서』(크리스천 헤럴드, 2006), 203~208을 수정하여 실었다.

그러자 "그 아이 아버지는 큰소리로 외쳐 말했다. '내가 믿습니다. 믿음 없는 나를 도와주십시오'"(마르 9:22~24). 개역 성서의 고어투를 소리 내어 읽으면 9장 23절의 극적인 효과를 느낄 수 있다.

> 예수께서 이르시되, '할 수 있거든'이 무슨 말이냐 믿는 자에게는 능치 못할 일이 없느니라.

적지 않은 사람들은 이 구절이 속한 이야기가 무엇인지는 잘 몰라도, 이 구절만큼은 즐겨 외운다. 이 구절에 대한 통념적 이해는 '믿음을 가진 사람은 모든 일을 할 수 있다'는 것이다. 그러나 이러한 이해가 적절한 것일까? 우선 이 구절에 대한 여러 번역을 보자.

> **개역개정판:** 예수께서 이르시되 할 수 있거든이 무슨 말이냐 믿는 자에게는 능히 하지 못할 일이 없느니라 하시니

> **공동번역개정판:** 이 말에 예수께서 "'할 수만 있다면'이 무슨 말이냐? 믿는 사람에게는 안 되는 일이 없다" 하시자

> **제임스흠정역**KJV: Jesus said unto him, If thou canst believe, all things are possible to him that believeth.

> **신개정표준판**NRSV: Jesus said to him, "If you are able! All things can be done for the one who believes."

새 국제판NIV: "If you can?" said Jesus. "Everything is possible for him who believes."

우리말 번역은 다소 모호하나 영어 번역에 명확히 드러나 있듯 이 구절에서 '믿는 사람'은 문장의 '주어' 혹은 '주체'가 아니다. 곧 믿는 사람이 주체로서 '모든 일'을 한다는 것이 아니다. 도리어 '모든 일'이 문장의 주어다. 그리스어에서는 이것을 좀 더 분명히 알 수 있는데, '믿는 사람' 앞에는 남성 단수 여격(혹은 간접목적어)의 정관사 '토이'τῷ가 있다. 이를 직역하자면, 우리말 번역의 '믿는 사람에게는'에서 '는'을 뺀 '믿는 사람에게'가 된다. '는'은 주격 어미로 혼동될 여지가 있기에 이해를 위해서 우선 그것을 삭제하고 읽어야 한다. '모든 일'은 무생물 주어이고, 그것이 무엇인가를 능동적으로 행하는 것이 아니므로, 이 문장은 주어가 숨은 수동태 문장이라고 할 수 있다. 우리말에는 수동태가 뚜렷하지 않지만, 수동태를 가지고 있는 영어의 번역은 이를 살려두었다. 그러나 제임스흠정역과 새 국제판 같은 번역은 그 숨은 수동태 주체가 '믿는 사람'을 가리킬 수도 있게 해 놓았다. 그 두 번역은 '믿는 사람에게는 모든 일이 가능해진다'는 뜻으로도 읽을 수 있다. 신개정표준판은 "믿는 사람을 위해 모든 일이 일어날 수 있다"로 읽는데, 이것이 성서 이야기의 본래 뜻과 가장 일치하는 것이 된다. 그렇다면 '믿는 사람을 위해 모든 일'을 일어나게 하는 그 숨은 주체는 누구일까? 이를 알기 위해서는 그 구절이 속한 문맥을 보아야 한다.

예수가 제자들에게 하느님의 나라가 권능('뒤나미스'δύναμις)으로 올 것을 말하고 나서(마르 9:1) 엿새 후에 예수는 베드로, 야고보, 요한만을 데리고 산에 오른다(9:2). 그곳에서 예수는 영광스러운 모습으로 변모하고 모세 및 엘리야와 함께 대화를 나눈다(9:4). 변화산 위에서 구름 속의 소리, 곧 하느님의 소리가 나서 예수를 자신의 사랑하는 아들로 선언한다. 또한, 구름으로부터 나는 소리는 예수의 말에 순종하라고 요구한다(9:7). 그러나 이 일이 일어나는 그 시간에 산 아래에서는 정반대의 상황이 전개되고 있었다. 하느님 나라는 '권능'으로 임하고, 예수는 하느님 나라의 권능을 실행한 하느님의 사랑하는 아들로 천명되지만, 땅에 있던 예수의 다른 제자들은 '권능'을 행하지 못한다. 그들은 귀신이 사로잡은 한 아이를 고치지 못하였다. 예수가 그곳에 모인 사람들에게 다가오자 그 아이의 아버지가 예수에게 나아와서 "만약 무엇인가를 하실 수 있다면(에이 티 뒤네εἴ τι δύνῃ) 우리를 불쌍히 여기시고, 우리를 도와주세요"(9:22)라고 말한다. '만약 무엇인가를 하실 수 있다면'의 동사는 '뒤네'δύνῃ인데, 이것은 '권능'을 의미하는 '뒤나미스'δύναμις와 같은 어근으로 원형은 '뒤나마이'δύναμαι이다. '뒤네'δύνῃ는 '뒤나마이'δύναμαι의 변화 형태로 2인칭 단수를 주어로 갖는다. 이때 '뒤네'δύνῃ의 주어는 당연히 예수다. 9장 23절은 아이 아버지의 요청에 대한 답변으로 이루어진다. 예수는 아버지의 '만약 무엇인가를 하실 수 있다면'εἴ τι δύνῃ이라는 말을 받아, "'만약 하실 수 있다면'εἴ δύνῃ이 무슨 말인가"하고 답한다. 이 구절에 나오는 '뒤네'δύνῃ의 주체는 당연히 '예수'다. 이후에 바로 이어지는 예수의 말이 "모든 일이 믿는 사람에게 일어난다"라는 것이다. 이를 통해 볼 때, 이 수동태 문장의 숨은 주어가 명백히 드러난다. 그 숨은 주체는 바로 '예수'다.

마르코 복음서 9장 1~7절은 하느님 나라가 권능으로 임하고, 그 임하는 하느님 나라는 하느님의 사랑하는 아들인 예수가 실행함을 가르친다. 또 그 권능으로 임하는 예수에게 순종해야 함을 촉구한다. 9장 23절이 속한 귀신 들린 아이 치유 이야기는 9장 1~7절의 가르침이 어떤 의미인지를 구체적으로 보여주는 이야기로 등장한다. 귀신은 한 아이를 사로잡았다. 그러나 사람들은 귀신에 맞서 아무런 권능을 발휘하지 못한다. 그들이 귀신에 사로잡힌 아이를 치유할 가능성은 없다. 이들의 유일한 출구는 예수다. 하느님이 사랑하는 아들 예수는 권능으로 임할 하느님 나라를 실행할 수 있다. 그에 대한 믿음이 하느님의 권능을 이 땅에 가져올 것이다. 예수의 권능은, 어떤 일은 할 수 있고 다른 일은 할 수 없는 것이 아니다. '예수 그대가 할 수 있으면'은 성립하지 않는다. 예수는 하느님 나라의 권능으로 하느님이 예수를 통해 일한다고 믿는 사람들을 위해 '모든 것'을 일으킬 수 있다. 따라서 9장 23절은 '믿음'을 가진 '사람'이 '모든' 것을 '할 수 있다'를 의미하지 않는다. 그곳에서 '믿음'이란 예수와 그의 권능에 대한 전적인 신뢰이다. '모든' 것을 하는 주체도 '믿는 사람'이 아니라 '예수'다.

'믿는 사람에게는 능치 못할 일이 없다'에 대한 통념적인 오해는 긍정적 사고의 힘 혹은 긍정의 힘과 곧잘 연결되곤 한다. 그 자체에 대해서는 비난할 이유가 없다. 실로 긍정은 많은 힘을 우리에게 선사한다. '믿음'이라는 것 역시 정신 건강에 실제적인 효과를 가지고 있다고도 한다. 그러나 마르코 복음서 9장 23절이 가르치

그림 11 라파엘로Raffaello Sanzio, 《변모산의 예수》, 1516~1520년, 405×276cm, 패널에 유채, 로마 바티칸 미술관.

는 믿음은 그러한 '긍정적 힘'과는 완전히 다른 것이다. 그런데 이런 주석을 통한 결과를 예술적 직관으로 단번에 알아채고 이것을 그림으로 그려낸 화가가 있다. 바로 라파엘로(1483~1520)다.

라파엘로는 이탈리아의 르네상스 황금기에 활동하던 화가이자 건축가였다. 그는 재능 있는 화가 아버지와 사랑이 많은 어머니 사이에서 태어났지만, 어린 시절에 부모를 모두 잃는 불행을 당했다. 불과 11살에 고아가 된 라파엘로는 사제였던 삼촌 밑에서 자랐다. 어린 시절부터 미술에 관한 그의 재능은 활짝 드러났다. 일찍이 작업실에서 아버지를 돕던 라파엘로는 아버지 사후에도 그 작업실 운영에 중요한 역할을 담당했다. 1501년, 불과 18세 즈음해서 그는 거장으로 불렸다. 천재적 재능이 젊은 시절부터 만개한 것이다.

라파엘로는 주로 교회의 주문을 받아 작품을 제작하다가 로마로 거처를 옮긴 후 주목받는 화가이자 건축가로 완전히 명성을 굳혔는데, 동시대 사람들은 그의 천재성을 질투하기보다는 존경과 찬사를 보냈다. 그러나 그 모든 재능을 다 펼치기 전 불과 37살의 나이로 그는 생을 마감하였다.

라파엘로는 1516~1520년 여러 화가가 흔히 '예수의 변모' 혹은 '변모산상의 예수'라는 제목으로 그리는 마르코 복음서 9장 2~8절(병행 본문 마태 17:1~13, 루가 9:28~36)을 본문으로 유화 한 점을 그렸다(그림 11). 르네상스를 전후로 이탈리아의 가톨릭 신자인 화가가 변모산상을 주제로 그림을 그리는 것은 그다지 새로울 만한 일이 아니다. 그러나 그의 본문 해석은 이전과 이후 다른 화가와 달리 매우 섬세하였고, 그것이 그의 그림에 독창적으로 나타났다. 이 그림은 라파엘로의 마지막 작품으로 아마도 미완성인 채로 남아 있었던 듯하다. 그의 제자들은 완성되지 않았으나 이미 걸작의 가능성이 농후한 그 작품의 마무리를 하지 않을 수 없었다.

변모산상의 예수를 그린 다른 그림들과 이 그림을 구분해 주는 가장 큰 특징은 이 그림에는 예수가 산 위에서 변모할 때 그 산 아래에서 일어난 일이 동시에 그려 있다는 것이다. 다시 말해, 라파엘로는 예수가 산 위에서 변모할 때 산 아래에서 일어난 일을 동시적 사건으로 보고, 그 두 사건을 함께 묶어 이해하자고 제안한다. 산 위의 변모 사건과 산 아래 사건을 동시에 묶으면서 그는 키아로스쿠로chiaroscuro라는 기법을 사용했다. 키아로스쿠로는 그림에서 빛을 처리하는 방식인데, 이 그림에서 라파엘로는 산 위와 산 아래를 각각 빛의 영역과 어둠의 영역으로 구분한다. 이렇게 뚜렷하게 나타나는 구분을 두고 독일의 철학자 니체Friedrich Nietzsche는 그의 책 『비극의 탄생』Die Geburt der Tragödie에서 아폴로적인 원리와 디오니소스적인 원리 사이의 갈등 이미지라고 불렀다. 니체가 그림에서 뚜렷한 구분을 읽어낸 것은 적절했으나, 그 구분의 기준을 밝히고 명명한 데에는 실패했다. 라파엘로가 의도한 빛의 영역과 어둠의 영역 사이의 대조는 아폴로적인 것과 디오니소스적인 것 사이의 갈등이 아니라 하느님의 영광 및 권능과 인간의 무기력 사이의 대조다. 이런 극적인 대조는 이미 살펴본 대로 산 위에서 예수가 변모를 통해 권능과 영광을 드러내지만, 산 아래에 있는 사람들의 상황은 무능과 비참에서 벗어나지 못한 상태를 예술적으로 표현한다.

산 위의 영광과 능력, 산 아래의 무능과 비참을 대조시켜 놓았지만, 라파엘로는 그 대조를 통해 우리가 사는 현실을 묘사하는 데에 그치지 않는다. 그는 산 위와 산 아래를 연결하는 통로를 설치한다. 바로 산 위를 가리키는 손이다. 화면 아래 왼편에는 붉은 계통의 옷을 입고 산 위를 가리키는 사람이 있다. 그는 눈으로 귀신들린 아이의 비참함을 보지만 거기에 매몰되지 않는다. 그는 손을 들어 산 위의 예수를 가리킨다. 다른 이들의 시선이 아이에게 머물거나, 무능한 제자를 바라보는 것과는 다르다. 귀신 들린 아이를 보는 사람의 시선에는 관심과 호의가 담겨 있으나 그들이 무능력에서 벗어날 가능성은 없어 보인다. 반면 제자들을 보는 사람들의 표정에는 그들의 무능력에 실망이 서려 있다. 실망하고, 그래서 그들을 원망한다고 해서 아이의 문제가 해결될 것도 아니다. 라파엘로는 붉은 옷을 입은 사람에게 눈으로는 아이를 보면서 손으로는 산 위의 예수를 가리키게 함으로써, 붉은 옷의 사람이 사랑과 동시에 '믿음'을 암시하고 있음을 보여준다. 그리고 그 사람의 오른편에도 그와 같이 손을 들어 산을 가리키는 사람이 있다. 그는 시선까지 예수를 향하게 하여 이 상황을 개선할 수 있는 능력의 출처가 어디인지를 알게 한다. 이러한 눈과 손의 방향은 아이를 바라보거나 제자를 바라보는 시선과 아이를 가리키는 손(화면 아래 중앙의 여인과 그 위에 있는 남자) 모두를 깨우친다. 그렇게 믿음은 상황에 매몰되지 않고 권능을 바라보려는 힘이다. 그 힘이 무능력과 좌절에 빠진 우리를 살린다.

카라바조Caravaggio(1571~1610)는 바로크를 주도한 이탈리아의 화가다. 여러 범죄 혐의로 투옥되기도 했고, 탈옥하여 도망하면서도 오늘날까지 감탄을 자아내는 많은 작품을 남기기도 했다. 도덕적 능력과 예술적 천재가 어긋난 사람이고, 사도 바울의 '질그릇에 담긴 보화'라는 표현이 들어맞는 경우다. 1601~1602년 사이 그는 《의심하는 사도 도마》를 그렸다(그림 12). 요한 복음서에 나오는 이 이야기의 배경은 잘 소개되어 있다.

예수가 십자가형을 받고 처형되었을 때 그를 주님으로, 또 스승으로 따라다니던 제자들은 그를 버리고 피신했다. 그의 시신이 수습되고 동굴에 매장된 지 삼 일째 되는 날, 막달라 마리아는 무덤 어귀에 놓인 돌이 옮겨 있고 예수의 시신이 없어진 것을 보고 무덤 밖에 서서 울고 있었다. 마리아는 마침내 부활한 예수를 만났지만 이내 그를 알아보지 못하고 여전히 예수의 시신을 찾고자 했다. 예수가 그의 이름, 곧 "마리아야"라고 부르자 그제야 마리아는 자기 이름을 부르는 예수를 알아보았다. 이후 마리아는 제자들에게 가서 예수의 부활을 알렸다. 그들이 예수의 부활을 믿었을까? 같은 날 저녁 제자들은 유대 사람들이 무서워서 문을 모두 닫아걸고 있었다. 마리아가 전한 부활 소식을 그들이 믿지 않았다는 상황 증거다. 그러나 그 닫아 걸린 불신의 문을 지나 부활한 예수가 나타나 평화의 인사를 전했다. 믿지 못하는 제자들에게 예수는 두 손과 옆구리를 보여주었다. 제자들은 그것을 보고서야 기뻐할 수 있었다.

그림 12 카라바조, 《의심하는 사도 도마》, 1601~1602, 캔버스에 유화, 107×146cm, 상수시 미술 박물관.

그러나 도마는 그날 그 자리에 없었다. 다른 제자들이 예수의 부활을 증언했지만, 도마는 말한다.

> 나는 내 눈으로 그의 손에 있는 못 자국을 보고, 내 손가락을 그 못 자국에 넣어 보고, 또 내 손을 그의 옆구리에 넣어 보지 않고서는 믿지 못하겠소! (요한 20:25)

여드레 뒤, 이번에는 도마와 제자들이 함께 있었다. 역시 문이 잠겨 있었고, 그것은 여전히 유대 사람들을 무서워한다는 증거다. 이상하지 않은가. 부활을 보기 전에 닫아걸려 있던 문이 부활을 목격한 이후에도 닫아걸려 있다. 제자들은 예수의 부활을 보고 기뻐

했지만, 부활이 무엇을 의미하는지, 그 능력이 무엇인지, 부활 목격 이후의 삶이 어떻게 달라져야 하는지 전혀 모르는 것 같다. 다시 말해 부활 이전과 부활 이후에 달라진 것이 없다. 이것을 또 달리 말해 보자. "그들은 부활을 믿지 않았다." 도마가 부활을 믿지 않는 것은 당연한 일이다. 그들 중에 누구도 부활과 그 능력, 그것의 함의를 믿지 않았기 때문이다. 부활한 예수는 도마에게 나타나 도마의 말을 들은 듯이 그에게 "네 손가락을 이리 내밀어서 내 손을 만져 보고, 네 손을 내 옆구리에 넣어 보아라. 그래서 의심을 떨쳐버리고 믿음을 가져라"라고 말한다. 카라바조는 바로 이 장면을 그렸다.

이 그림은 라파엘로의 그림과 마찬가지로 전형적인 키아로스쿠로, 곧 빛과 어둠의 인위적 창조를 통해 작가의 의도를 드러내는 기법을 취한다. 예수의 몸과 도마의 손을 끌어당기는 그의 왼손, 그리고 도마와 주변 인물들의 얼굴에 빛이 내린다. 도마 이마에 진 주름과 그의 부릅뜬 눈은 그가 지금 놀라움과 호기심이 가득하다는 것을 알려준다. 도마는 허리를 굽히고, 왼팔을 허리춤에 대고 예수의 상처를 마치 검시관처럼 조사하고 있다. 오른손 검지를 곧게 펴서 예수의 상처에 집어넣는다. 그래도 되는 것일까? 예수는 오른손으로 옷을 열고, 왼손으로는 상처 안에 들어가는 손가락을 조심스레 인도한다. 인도하는 두 손에는 모두 못 자국이 있다.

상처를 통해 자신을 확인시켜주는 이 장면은 여러 감상을 불러일으킨다. 인생은 가끔 한 사람의 정체성을 확인하는 상처를 준다. 여느 사람은 그 상처에 함부로 손가락을 들이밀어 그가 누군지 확인하지 않는다. 그러나 그림 속 도마는 부활을 믿기 위해 그렇게 한다. 도마의 왼쪽 어깨에 찢어진 옷과 예수의 상처가 같은 위치에서 서로 상응하는데, 옷이 '찢겼듯' 예수의 몸도 '찢겼다'는 것이 확인된다.

이 그림이 요한 복음서의 보도를 그대로 보도하는지는 확실하지 않다. 비록 도마가 그렇게 말했고, 도마를 만난 예수가 손가락을 내밀라고 했지만 실제로 도마가 손가락을 예수의 상처 난 옆구리에 넣었다는 기록은 없다. 부활한 예수를 보는 순간 그는 예수를 "나의 주님, 나의 하느님!"(20:28)으로 고백했다. 이 고백에 대해 예수의 대답을 "너는 나를 보았기 때문에 믿느냐? 나를 보지 않고도 믿는 사람은 복이 있다"(20:29)라는 식으로 번역한다. 이런 번역은 보고 나서야 믿는 사람을 질책하는 함의가 깔려 있다. 최소한 보지 않고도 믿는 사람들이 보고 나서야 믿는 사람들보다 우위에 있다는 듯한 뉘앙스가 있다. 그러나 이러한 이해는 요한 복음서 전체에서 '보는 것'과 '믿는 것' 사이의 관계와 어긋난다.

요한 복음서는 '보는 것'을 매우 중요하게 여긴다. 요한 공동체는 다른 이들이 보지 못한 것을 보았다고 자랑한다. 가령 1장 14절에서 "우리는 그분의 영광을 보았다"라고 선언한다. 세례자 요한은 예수를 '보았기에' 그를 증언한다(1:32~34). 예수는 요한 공동체의 목소리를 담아 "우리는 우리가 알고 있는 것을 말하고 우리가 본 것을 증언합니다"라고 말한다. 자신을 따르려던 사람들에게 예수는 "와서 보시오"라고 초청한다(1:39). '와서 보라'는 초청은 요한 공동체의 전형적인 초청의 언어일 수 있다(1:46, 4:29). 요한 복음서의 대표적인 제자인 애제자 역시 빈 무덤을 '보고' 믿는다(20:8). 예수도 자신이 부활했다는 것을 제자들에게 알리기 위해 손과 옆구리를 그들에게 보여준다(20:20). 도마에게도 예수는 보지 않고도 믿어야 하지 않겠느냐고 꾸짖는 대신 자신의 손을 살펴보라고 말한다(20:27). 요한 복음서에서 예수를 믿기 위해 그와 그의 표적을 '보고자'하는 것 자체는 문제가 되지 않는다. 문제는 보고도 믿지 않는 것이다. 혹은 보고 있으면서도 예수 및 그의 사역을 알아채지 못하는 것이다. 이런 것을 고려하면 20:29은 물음표 없이 번역되는 것이 적절하다. 알다시피 구두점은 본디 1~2세기 그리스어에는 없었고, 이후에 첨가한 것이다. 현재 구두점은 이후의 '해석된 결과'일 뿐이다. 이렇게 의역할 수 있다.

> 그대는 나를 보았고, 믿었습니다. 이후에 나를 직접 보지 않고도 듣는 것으로 믿는 사람이 있을 터인데 그런 사람들은 복이 있습니다!

곧 도마가 '보기를' 원하고 그 '봄'을 통해 부활한 예수를 믿었다는 것을 예수가 긍정한 것으로 볼 수 있다. 그러니 도마의 손가락은 믿음을 점검하고 확인하는 손가락이라고 할 수 있다.

어떤 학자들은 빈 무덤 등을 점검하여 부활의 역사성을 증명하려고 애쓴다. 사람들은 그러한 역사학적 증명을 수긍할 수는 있어도 거기서 부활의 참 의미까지 헤아리기는 어렵다. 그 이전에 근본적인 질문을 해보자. 우리는 예수의 부활과 부활의 삶과 그 능력을 믿는가? 우리가 믿게 되었다면 어떻게 그럴 수 있었을까? 또 우리가 어떻게 부활이 진리라고 선언하고 다른 사람들이 그 부활의 소식을 받아들이게 할 수 있을까? 마리아의 예수 부활 소식을 전해 들은 제자들이 도마가 오기 전에 닫아걸어 두었던 문을 열었다면, 그들이 세상을 두려워하지 않고 예수 부활의 능력과 의미를 실행했다면 어떠했을까? 도마는 아마 보지 않고도 믿었을 것이다. 예수의 손과 옆구리를 확인하지 않고도, 그 옆구리에 손가락을 집어넣지 않고서도 부활과 그 의미에 감격했을 것이다. 오늘 우리가 부활 소식을 우리 자신과 세계에 전하려 한다면 닫아 걸린 문을 열고, 부활의 소망으로 살아나가는 길 외에는 없으리라.

소망의 발걸음

사람이 사람다울 수 있는 것은 우리에게 창窓이 있기 때문이다. 창은 '이제 여기'가 전부가 아님을 알려준다. '이제 여기'만이 아니라 '너머'가 있으니 사람은 '이제 여기'에 매이지 않는다. 매이지 않으니 사람과 사람 사이에 인과 법칙 이상이 생긴다. 갇힌 세계에서는 특정 결과를 바라면 특정한 원인을 제공하면 된다. 이러한 원인 결과의 세계는 뻔한 쳇바퀴 세상이다. 그러나 사람은 너머를 바라보기에 꿈도 품고 용기도 내며 자유를 얻는다. 너머가 있기에 현실을 넘는다. 소망은 그래서 사람과 신앙의 핵심에 속한다. 너머로부터 오는 소식이 있고, 그에 응답하며 살아간 사람들의 이야기가 성서에 있다. 동방박사, 예수의 비유 속 권리를 찾는 과부, 아리마태아 요셉 이야기도 그러한 이야기다.

머문 별을 보다

아담과 하와가 에덴에서 추방되면서, 그들에게 닥친 가장 큰 문제는 더는 하느님이 보이지 않는다는 데에 있었다. 에덴에서는 하느님이 산책을 했고, 아담과 하와는 그곳의 풍요로움을 누리다가 동산을 노니는 하느님을 만날 수 있었다. 그러나 '타락' 이후 아담과 하와는 자신들과 하느님 사이가 사뭇 달라졌음을 직감했다. 선과 악을 알게 하는 나무의 열매를 따 먹은 "그날 바람이 불 때"(창세 3:8) 동산을 거니시는 하느님의 소리가 그들에게 들렸다. 아담과 하와는 하느님을 보기가 두려웠고, 동산 나무 사이에 숨었다. 하느님은 그들을 찾는다. "아담, 네가 어디에 있느냐?"(창세 3:9). 아담은 하느님이 두려워 숨었다고 고백한다.

에덴의 질서가 깨졌으니 아담과 하와는 더는 그곳에 살 수 없었고, 추방되었다. 에덴 안에서 그들은 하느님과 만났고, 하느님은 그들을 찾았으나 이제 상황은 완전히 달라졌다. 에덴을 벗어나니 하느님의 목소리도 뚜렷이 들리지 않았다. 이 상황이 무엇을 의미할까? 이런 상황을 상상해 본다. 커다란 배를 타고 가다 풍랑을 만나 배가 난파되었다. 가까스로 구명정에 올라탔다. 구명정에는 얼마간의 물과 음식이 있을 뿐이다. 북쪽으로 가야 가장 가까운 육지라는 것을 안다. 나침반은 없었지만, 북극성을 찾으면 방향을 잡을 수 있다. 그러나 이게 웬일인가? 북극성이 보이지 않는다. 어디로 가야 할지 알 수 없는 처지가 되었다. 그처럼 아담과 하와 이후로 인류에게 하느님이라는 '북극성'은 쉽게 감지되지 않는다.

인류는 별을 보았다. 하늘의 별을 보고, 그것의 움직임과 변화를 탐구하고 정리하고 예측했다. 인류가 바라본 것은 그저 별 자체만은 아니었다. 그 별을 통해 그들이 궁극적으로 보고 싶은 것은 하느님이다. 평소에 전혀 없는 듯, 자신의 존재를 감추는 듯한 그분, 그러나 불현듯 여전히 살아 있고, 살아 있을 뿐 아니라 강력하게 이 땅의 모든 역사를 지켜보는 그분. 별을 보는 마음은 그분을 보고자 하는 마음과 다르지 않다. 하느님을 보고 싶었기에 별을 보았고, 별을 통해 하느님을 뵙고 싶었다. 고대 근동 세계에는 별을 보고 창조주의 뜻을 읽어내려는 일에 전문적으로 매진하던 이들이 있었다. 마태오 복음서에 등장하는 그들을 우리는 '동방박사'라고 번역하여 부른다.

'동방박사'에서 '동방'은 유대 땅을 기준으로 동쪽이니, 가깝게는 오늘날의 요르단에서, 멀게는 이라크, 이란, 곧 예전의 지명으로는 바빌론과 페르시아를 가리킬 것이다. 그러나 우리말로, 그리고 여러 외국어 번역본에서 '동방에서'라고 번역된 마태오 복음서 2장 2, 9절의 '엔 테 아나톨레'ἐν τῇ ἀνατολῇ는 '떠오르는'으로 달리 번역될 수 있고, 몇몇 번역본은 그렇게 번역하였다(영어번역본만 살펴보아도 영어표준판ESV, 신개정표준판, 새 국제판 등 다수가 이렇게 번역했다).

온 곳이 어디인지는 알지 못하나, 그들이 유대 출신이 아닌 것은 분명하다. '박사'라고 번역된 그리스어 '마고스'μάγος의 적절한 번역어를 찾기는 쉽지 않다. 아마 '점성학자' 정도가 될 수 있다. '마고스'는 주술사라기보다는 점성학 연구 등을 통해 왕에게 조언을 주는 일종의 지식인이었다.

마고스들은 어느 날 떠오르는 별을 보았다. 그들이 본 별은 유대인의 왕으로 난 사람의 별(마태 2:2)이었다. 그들은 그 별을 보고 가만히 있을 수 없었다. 유대인의 왕으로 난 사람을 만나고 싶었다. 당시 유대인이나 이방인 모두 유력했던 한 예언, 곧 "새로운 통치자가 제국의 동쪽에서 난다"는 예언을 그들은 알고 있었다. 마고스들은 사람들에게 구원을 가져다줄 그 별의 주인공을 만나고자 했다. 그게 그들이 '별'을 보던 참된 이유, 아니 인류 전체가 별을 보던 이유가 아니었던가. 그들은 여행을 떠나기로 했고, 예물을 가지고 아기를 만나 경배하기로 했다.

예루살렘을 향해 떠나 예루살렘 부근에 도착했지만, 그들의 지식은 한계에 부딪혔다. 그렇다고 낙망하지 않았다. 대신 물었다. 유대인 제사장들과 지식인들이 그리스도의 탄생 장소를 그들에게 가르쳐주었다. 그들은 그 조언을 듣고 다시 탐색에 나섰다. 그러고는 마침내, 별이 그들을 인도해가다가 아기가 태어난 곳 위에 멈추었다.[1] 성서는 이렇게 기록한다.

> 그들은 별을 보고 매우 크게 기뻐하고 기뻐하더라. (마태 2:10)

그들이 그때 느꼈던 그 심정을 헤아려 본다. 매우 크게 기뻐하고

---

1 현우식, 『과학의 눈으로 본 신학』(연세대학교 출판부, 2021), 53~65는 '과학의 눈으로' 마태 2:9을 이렇게 번역한다. "천문학자들이 관측했던 동틀 녘에 떠오르는 별이, 천문학자들 앞에서 역행 운동을 하다가, 아기가 있는 곳 위에 이르러서 정지 운동을 하였다."

그림 13 윌리엄 블레이크, 《아기 예수를 경배하는 동방박사들》, 1799년, 37×26cm, 캔버스에 템페라, 브라이턴 박물관 및 미술관.

기뻐할 수 있었던 그 감격은 무엇인가? 그것은 평생 어두운 밤에 별을 올려다보며 진실로 찾고 싶었던 '별'을 찾았을 때, 살던 곳을 용감히 떠나 헤매다 희망의 실체를 발견할 때, 한계에 부딪혀도 낙망하지 않고 계속 나아가서 마침내 '별'이 머문 곳에 도달했을 때, 절정의 순간에 자신들이 지금껏 힘을 다해 준비해오던 예물을 드릴 수 있었을 때, 바로 그러한 때 터져 나오는 감격이었으리라.

영국의 시인이자 화가였던 윌리엄 블레이크는 위엄 있게 이 장면을 그렸다(그림 13). 생존 시에는 별다른 주목을 받지 못했지만 지금 그의 예언자적 시와 상징과 영감이 가득 찬 그림은 많은 이를 매혹한다. 그는 단테Dante Alighieri의 『신곡』La Divina Commedia에 그림을 그려 넣기도 하였는데 성서를 주제로도 많은 작품을 제작했다. 그의 그림에 나타난 성서해석은 이른바 전통적인 교의에서 자유롭고

보다 '영적인' 특징이 두드러진다. 《아기 예수를 경배하는 동방박사들》(그림 13)에서 블레이크는 전해지는 전승을 참고하여 자신만의 해석을 덧붙였다. 이 그림에는 세 명의 동방박사가 아기 예수를 경배하며 예물을 드린다. 동방박사의 수가 세 명이라는 것은 성서에 나오지 않는다. 세 명의 수는 전승에 따른 것인데, 동방박사의 수가 열 명이라는 초기 전승도 있다. 또 이 그림은 동방박사의 신분이 왕 혹은 왕가의 사람이나 고귀한 신분의 사람들이었다는 고대 교회의 전통을 따른다.

그림 왼편 상단에는 동방박사들을 흔들어 깨운 별이 떠 있다. 별은 어두운 하늘에 과장되게 떠 있어, 그 자신이 이 장면에 지대한 공헌을 했다고 알린다. 인위적인 조명이 아니라면 발광하는 자연물의 빛은 널리 퍼지게 되어 있으나 이 별은 빛을 아기에게로 내려보낸다. 왼편 집 밖의 동물의 모습은 잘 알아볼 수 없으나 맨 오른쪽 소는 짚을 먹으면서도 이 광경을 눈여겨본다. 오른편 요셉은 구부정하게 몸을 숙여 동방박사들의 경배를 보고, 어머니 마리아는 몸을 왕좌처럼 만들고 아이를 무릎에 둔다. 왕좌와 같은 마리아의 몸은 아기 예수와 더불어 밝게 빛난다. 마리아의 희생과 순종이 빛나는 것이다. 아기 예수는 몸이 작을 뿐이다. 손을 내밀어 동방박사가 바치는 예물을 받는 동작을 취한다. 블레이크는 아기 예수의 연령에 상관없이 예수의 영혼은 이미 성숙한 것으로 처리한다. 동방박사 세 명은 무릎을 꿇고 몸을 굽혀 새로 태어난 왕을 경배하면서도 아기 예수, 곧 그들의 '별'을 찬찬히 보고 있다. 이때 그들은 어떠하였을까? 그들은 인생의 절정을 경험했고, 길이는 짧으나 두께를 가진 감열感悅의 시간을 삶에 각인했을 것이다. 그들의 지식은 목적에 도달했고, 그들의 열정에는 보답이 주어졌으며, 가슴에는 기쁨이 넘쳐났다. 그들은 이 땅을 산책할 하느님의 아들을 만난 것이다. 그리고 그 순간 그들이 준비한 예물로 크게 축하할 기회를 가졌으니 사람이 살면서 더 바랄 수 있는 게 무엇일까? 그들은 소망을 품었기에 별을 따라 여행할 수 있었고 절정의 복을 누릴 수 있었다. 동방박사들은 그리스도에게 경배하고, 고향을 떠날 때와는 완전히 다른 사람이 되어 고향으로 돌아갔다. 소망의 별은 그들의 발걸음을 마침내 인생의 최고봉에 올려놓은 것이다.

권리를 찾는 과부

때로는 소설이 현실보다 더 현실 같고, 또 다른 때는 현실이 소설보다 더 소설 같다. 대중 매체가 발전한 오늘날은 현실을 공교히 꾸며 환상을 만들고, 환상을 실제로 벌어진 진실로 만들기도 한다. 예수 그리스도는 가르칠 때 비유를 사용했다. 비유는 실제 벌어진 일에 대한 기록이 아니라 꾸민 이야기다. 그러나 예수는 비유를 통해 하느님 나라와 그것을 기대하며 살아가는 사람들의 자세를 가르치기를 즐겼다.

루가 복음서 18장 1~8절은 흔히 '과부와 재판관의 비유'로 불린다. 통상적으로 이 비유를 본문으로 설교나 성서공부를 할 때는 '기도'에 관한 가르침이 주제가 된다. 대략 이러한 교훈이 이 비유를 통해 전해지고는 한다. '과부는 기도하고 낙심하지 않는 사람이었다. 그는 불의한 재판관을 계속해서 찾아가 졸라대며 귀찮게 한다. 우리도 그런 과부를 본받아야 한다. 과부가 그렇게 했듯이 우리도 낙심하지 말고 계속해서 하느님께 기도해야 한다. 기도로 하느님을 귀찮게 해드려서라도 우리의 기도와 간구를 들으시도록 해야 한다.'

그러나 위에서 소개한 통상적인 가르침은 기도의 본래 뜻에도, 루가 복음서가 가르치는 기도에 관한 교훈에도 맞지 않는다. 기도는 결코 하느님에게 졸라대는 수단이 아니며, 하느님은 우리가 떼를 쓴다고 그분의 올바른 뜻을 번복하지도 않는다. 흔히 소돔 성 멸망과 관련된 아브라함의 이야기(창세 18:16~33)를 들어, 하느님과 모종의 거래가 가능할 것이라 오해하는 사람들도 있지만, 아브라함이 소돔 성을 두고 한 간청은 하느님의 정의와 자비에 호소한 것이지 아브라함 자신의 욕심과 욕망을 하느님에게 들어달라고 억지를 쓴 것이 아니다.

'과부와 재판관의 비유'를 이해하려면 그 비유 앞에 놓인 문맥을 파악해야 한다. 이 본문 앞의 루가 복음서 17장 20~37절은 하느님의 나라가 언제 오느냐는 바리사이인들의 질문을 듣고 예수가 종말에 있을 일을 설명한다.

> 바리사이파 사람들이 하느님의 나라가 언제 오느냐고 물으니, 예수께서 그들에게 대답을 하셨다. "하느님의 나라는 눈으로 볼 수 있는 모습으로 오지 않는다. 또 '보아라, 여기에 있다' 또는

'저기에 있다' 하고 말할 수도 없다. 보아라, 하나님의 나라는 너희 가운데에 있다." 그리고 제자들에게 말씀하셨다. "너희가 인자의 날들 가운데서 단 하루라도 보고 싶어 할 때가 오겠으나, 보지 못할 것이다. 사람들이 너희더러 말하기를 '보아라, 저기에 계신다', 또는 '보아라, 여기에 계신다' 할 것이다. 그러나 너희는 따라 나서지도 말고, 찾아다니지도 말아라. 마치 번개가 하늘 이 끝에서 번쩍하여 하늘 저 끝까지 비치는 것처럼, 인자도 자기의 날에 그러할 것이다. 그러나 그는 먼저 많은 고난을 겪어야 하고, 이 세대에게 버림을 받아야 한다. 노아의 시대에 일이 벌어진 것과 같이, 인자의 날에도 그러할 것이다. 노아가 방주에 들어가는 날까지, 사람들은 먹고 마시고 장가가고 시집가고 하였는데, 마침내 홍수가 나서, 그들을 모두 멸망시켰다. 롯 시대에도 그와 같은 일이 벌어졌다. 사람들이 먹고 마시고 사고 팔고 나무를 심고 집을 짓고 하였는데, 롯이 소돔에서 떠나던 날에, 하늘에서 불과 유황이 쏟아져 내려서, 그들을 모두 멸망시켰다. 인자가 나타나는 날에도 그러할 것이다. 그날에 지붕 위에 있는 사람은, 자기 물건들이 집 안에 있더라도, 그것들을 꺼내려고 내려가지 말아라. 또한, 들에 있는 사람도 집으로 돌아가지 말아라. 롯의 아내를 기억하여라. 누구든지 자기 목숨을 보존하려고 애쓰는 사람은 잃을 것이요, 목숨을 잃는 사람은 보존할 것이다. 내가 너희에게 말한다. 그날 밤에 두 사람이 한 잠자리에 누워 있을 터이나, 한 사람은 데려가고, 다른 한 사람은 버려둘 것이다. 또 두 여자가 함께 맷돌질을 하고 있을 터이나, 한 사람은 데

> 려가고, 다른 한 사람은 버려둘 것이다." 제자들이 예수께 말하였다. "주님, 어디에서 그런 일이 일어나겠습니까?" 예수께서 그들에게 말씀하셨다. "주검이 있는 곳에는 또한 독수리들이 모여들 것이다."

종말에는 "주검이 있는 곳에" "독수리들이 모여들 것이다."(17:37). 이 말씀은 종말이 오기 전에 시신을 수습할 겨를도 없이 벌어지는 고통의 연속을 예언한다. 하느님의 통치는 낭만과 목가의 시절이 아니라 하느님 나라의 정의와 평화를 간절히 고대할 수밖에 없는 상황에 이르러서야 일어난다. 따라서 예수의 사람들은 종말을 앞에 두고 "늘 기도하고 낙심하지 말아야 한다". 이것이 '과부와 불의한 재판관 비유'를 시작하는 상황이다(18:1).

비유는 불의한 사회와 그 사회에서 살아가는 한 과부를 말한다. 한 도시에 하느님을 두려워하지 않고 사람도 존중하지 않는 한 재판관이 있다. 이 재판관은 정의를 어그러뜨리고, 공의보다 자신의 편의와 이득을 중요시한다. 그러한 이들이 지도자인 사회에 권리를 박탈당한 한 과부가 산다. 과부는 약자의 상징이며, 마땅히 물려받아야 하는 재산을 친척들에게 갈취당하게 되면 남들의 도움으로 가까스로 연명하는 형편에 놓인다. 사연은 모르지만, 이 과부는 불의와 부당함으로 자신의 권리를 침해받았다. 그의 권리는 회복되어야 하지만, 재판관은 불의한 사람이었다. 과부가 "내 적대자들에게서 내 권리를 찾아주세요"라고 간청하지만, 재판관은 불의하다. 그는 과부의 호소에 아랑곳하지 않는다. 이 상황이 낯설지

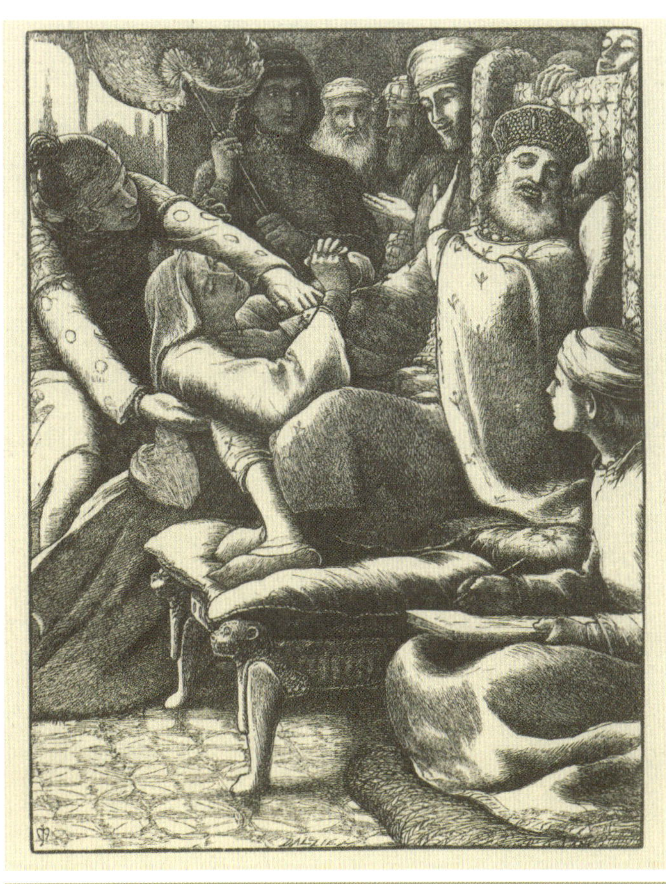

그림 14 『우리 주님의 비유들』에 있는 《불의한 재판관의 비유》, 14.0×10.8cm, 목판화.

이 작품은 1864년 존 에버렛 밀레이Sir John Everett Millais(1829~1896)가 그렸다. 밀레이는 이른바 '라파엘 전파'의 선구자다. 비교적 어린 시절에 그림에 재능을 발휘하였고, 《아버지 집에 있는 그리스도》를 통해 '라파엘 전파' 양식을 대표하는 사람이 되었다. 그러나 1850년대 후반 이 양식에 더는 집착하지 않았고, 살아 있는 동안 명성과 부를 동시에 누리기도 하였다. 1852년에 제작한 《오필리아》는 우리에게도 잘 알려졌다.

않은 것은 그때나 지금이나 근본적으로 달라진 게 없어서인지 모른다.[2]

밀레이는 이 상황을 목판화로 제작했다(그림 14). 여기서 과부는 간절하게 두 손을 모아 재판관에게 호소한다. 그러나 여인을 돕는 사람은 단 한 사람도 없다. 왼편의 경비병은 재판관의 자리에 난입한 과부를 끌어내려 한다. 그는 자신이 맡은 일을 잘하지 못하면 처벌을 받을 것이다. 그러니 과부만큼은 아니지만 나름 절박한 처지에 놓여 있다. 재판관 옆에서 부채를 들고 있는 시종은 훈련받은 대로 어떤 상황에서도 미동하지 않고 재판관에게 쏟아지는 빛을 가리고, 간혹 그가 땀을 흘리지 않도록 부채질을 할 것이다. 그는 다른 상황은 신경 쓰지 않는다. 자기 일을 해야 하기 때문이다. 재판관의 왼편에 앉은 서기는 이 상황에 놀란 듯하지만, 역시 손에 쥔 펜을 놓지는 않는다. 그는 아마 앉아서 이렇게 생각했을지 모른다. '내가 무슨 일을 할 수 있겠는가.' 재판관 의자 뒤에 얼굴을 내민 이는 이 재미난 상황을 웃음으로 즐긴다. 시장 거리가 아니라면 이렇게 소리를 지르면서 무엇인가를 요청하는 여인을 구경할 곳이 없다. 더군다나 남자 경비병과 과부 사이에 벌어지는 몸싸움이 어떻게 될지도 궁금할 것이다. 의자 오른편에 웃고 있는 사람은 손을

2 최영실, "'거짓 정의'와 '거짓 평화'에 맞서는 순례의 길을 떠나자!", 「한국여성신학」 80(2015), 121~137은 그 과부가 오늘날 이런 존재라고 볼 수 있다고 말한다. "남성들의 지배와 폭력, 전쟁과 침탈의 역사 속에서 남편과 자식을 잃고 과부가 된 여인들, 자본주의의 착취 구조 아래에서 모든 것을 잃어버리고 성을 착취당하며 죽음의 고통 속에서 신음하는 여인들, 바로 이들이 자신의 모든 것을 빼앗기고 불의한 재판관에게 달려간 '과부', 그 여인이 아닌가?" 인용은 126.

내밀고 있는데, 혹시 이 일이 잘 처리되도록 '급행료'를 요구하는 것일까? 여하튼 그도 과부의 편이 아니며, 과부를 적극적으로 도울 의사가 없다. 화면 상단의 두 사람은 이 일이 어떤 일인지에 관해 이야기를 나눈다. 과부가 당한 불의한 상황을 얘기 나누고 있는지 모른다. 한 사람의 얼굴은 어둡고, 다른 한 사람은 놀란 듯 눈을 크게 뜬다. 그러나 자신들이 이 상황을 어떻게 개선할 수 있을지는 알지 못한다. 이 두 사람이 과부에게 불의한 일을 행한 사람들일지도 모른다. 그렇다면 그들은 재판관이 혹여라도 과부의 말을 들을까 걱정하는 것일 수도 있다. 고급스러운 장식이 달린 의자에 앉은 재판관은 여인의 호소를 외면한다. 그는 웃으면서 고개를 돌리고 왼손으로 여인이 자기 얼굴을 보는 것을 가린다. 자신도 여인의 얼굴을 보고 싶어 하지 않는다. 오른팔로는 여인이 자신에게 다가오는 것을 막는다. 이런 말을 하는 것 아닐까 싶다. '나는 할 만큼 했고, 법대로 했다.'

대부분 과부의 처지에 놓인 사람은 좌절하기 마련이다. 그러나 이 과부는 그렇게 하지 않는다. 이 과부는 하느님을 두려워하지도 않고, 사람도 존중하지 않는 사회와 그 사회의 지도자를 향해 권리 찾기를 포기하지 않는다. "자신이 신세를 한탄하며 체념한 것도, 먼 미래에 하느님이 정의를 행해 주리라 믿고 앉아서 기다린 것도 아니다. 그녀는 울면서 교회에 가서 기도만 하고 있지도 않았다. 그녀는 분연히 일어났다. 그녀는 그 누구의 도움도 받지 않고 혼자서 하느님도 두려워하지 않고, 사람들을 무시하는 악명 높은 재판관을 찾아갔다."[3] 과부는 결코 불의에 굴복하지 않는다. 과부의 요청이 불의한 세상 및 재판관의 품성 자체를 바꾸지는 못했다. 그러나 재판관은 과부의 권리를 되찾아주기로 한다. 재판관은 여전히 자신의 편의를 기준으로, 과부가 자신을 귀찮게 하는 데에 질려 과부의 권리를 찾아 주려고 결정한다.

예수는 이 비유를 통해 가르친다. 자신의 제자들은 이 세상에서 불의를 당할 때 시체처럼 '입 닥치고' 있어서는 안 된다고 말이다. 하느님은 그들이 고통으로 부르짖는 소리를 듣고, 박탈당한 권리를 되찾아주실 것이다. 하느님은 모른 체하지 않으신다. 이러한 가르침에 잠시 마음이 벅차오르다가도 이내 되묻고 싶어진다. "하느님은 여전히 침묵하고 계시지 않나요? 불의와 폭력과 기만과 부당함이 참극을 불러오는 현장에 하느님은 어디 계셨나요?" 그러니 예수는 말한다. "늘 기도하고 낙심하지 말아야 한다." 우리가 그렇게 할 수 있을까? 예수는 그렇게 되묻는 우리를 향해 이렇게 비유를 마친다.

> 내가 너희에게 말한다. 하느님께서는 얼른 그들의 권리를 찾아 주실 것이다. 그러나 인자가 올 때에, 세상에서 믿음을 찾아볼 수 있겠느냐? (루가 18:8)

그러나 우리 중 '주님, 이 불의한 사회에서 우리의 믿음이 없다고

---

[3] 위의 글, 127.

만 탓하는 건 너무나 가혹합니다'라고 탄식한다면 우리는 무엇이라고 답할 수 있을까? 우리의 소망은 대체로 아슬아슬했고, 급박한 위험을 벗어난 적이 없는 것 같다. 그러나 소망의 발걸음은 인내와 견고함이 없이는 지탱되지 못하는 것이 아닌가. 소망을 거둔다면 우리는 그저 밥 먹고 사는 동물과 다를 바가 없지 않은가.

아리마태아 요셉은 무엇을 찾았는가

고대 그리스의 작가 소포클레스의 비극 중에 『안티고네』는 테바이의 왕 크레온과 안티고네의 갈등을 다룬 고전으로 높이 평가받는다. 안티고네는 테바이의 왕이었던 오이디푸스와 왕비 이오카스테의 딸이다. 그러니까 저주받은 오이디푸스의 여동생도 되는 셈이다. 안티고네가 아버지 오이디푸스를 동행하며 그의 수족이 되어주는 동안 외삼촌 크레온은 오이디푸스의 두 아들, 폴뤼네이케스와 에테오클레스를 대신해서 섭정하였다. 두 형제가 커서 왕위를 계승해야 할 때 크레온은 에테오클레스의 편에 선다. 오이디푸스는 두 형제가 왕위에 대한 욕심 때문에 서로를 죽이게 될 것이라고 예언한다. 오이디푸스의 저주는 그대로 실행되었고, 크레온은 공석이 된 테바이의 왕으로 등극한다. 이때 크레온은 에테오클레스를 위해 성대한 장례식을 치러주었지만 폴뤼네이케스의 시신은 들짐승의 먹이가 되도록 마을 밖에 방치하도록 명령한다. 그를 위한 무덤도 지어주어서는 안 된다는 것이 새 왕 크레온의 엄명이었다. 폴뤼네이케스는 동생 에테오클레스에게서 자기 조국 테바이의 왕권을 빼앗기 위해 아르고스 군대의 힘을 빌려 조국을 침공했기 때문이다. 반면 에테오클레스는 이에 맞서서 자신의 목숨을 버려서까지 테바이를 지켰다. 우리의 상식적 도덕 감정으로는 이러한 조치가 전쟁 이후 폐허가 된 땅과 전사자를 생각하면 당연한 것으로 여겨질지 모른다.

안티고네는 고민한다. 폴뤼네이케스의 시신을 두고 애도하거나 장례를 치르면 돌로 쳐서 죽이겠다는 왕의 엄명이 있었다. 안티고네와 자매 사이인 이스메네 역시 안티고네에게 자신들은 여자들이고, 남자들의 뜻에 따라야 하며, 특히 권력자에게는 복종해야 한다고 충고한다. 그러나 안티고네는 오빠 폴뤼네이케스의 시신이 짐승의 밥이 되도록 할 수는 없었다. 안티고네는 흙으로 시신을 덮고 장례를 치렀다. 불쌍한 소녀는 경비병들에게 잡혔지만, 그는 서슬 퍼런 왕이자 외삼촌인 크레온에게 당당히 얘기한다. 제아무리 왕이라도 인간이 정한 법이 신의 법을 넘어설 수는 없다고. 인간은 그가 누구이든지 간에 죽음을 맞이하여 합당한 장례 절차를 받아야 한다고. 안티고네는 또 이렇게도 말한다.

> 나는 서로 미워하기 위해서가 아니라, 서로 사랑하기 위해 태어났어요.

비극에 따르면 신들은 안티고네의 편을 든다. 눈을 부릅뜬 폭력적 통치자라도 하늘의 윤리를 어길 수는 없고, 인간의 양심을 제압하려 해서는 안 된다. 안티고네는 자기 목숨을 걸고 이것을 지켜내려 하였고, 그는 결국 삶을 마감하였다.

프리아모스는 저 유명한 트로이 전쟁을 벌일 때 트로이의 왕이었다. 그와 헤카베 사이에서 나온 아들 헥토르는 트로이의 영웅이었다. 그러나 헥토르는 아킬레우스와의 싸움에서 죽임을 당하고, 아킬레우스는 분노를 삭이지 못한 채 헥토르의 시체를 마차에 매달고 이리저리로 끌고 다녔다. 그날 밤, 한 노인이 마부 한 사람만 데리고 아킬레우스의 처소를 찾았다. 프리아모스였다. 트로이 함락을 원하는 적군 사령관의 천막에 트로이의 왕이 찾아온 것이다. 그는 그곳에서 아킬레우스에게 아들 헥토르의 시체를 달라고 요구하였다. 원수라도 죽은 사람의 시체를 그렇게 다루어서는 안 된다는 정중한 질책도 있었다. 아킬레우스가 그 자리에서 프리아모스의 목을 베고, 트로이 사람들에게 "너희들의 왕이 죽었다!"고 외치면, 이 전쟁은 끝이 난 것과 다를 바 없다. 그러나 아킬레우스는 그렇게 하지 않는다. 그는 적장이지만 인간의 도리를 행하고자 하는, 부정父情에 이끌리어 죽음을 각오하고 아버지 노릇을 하고자 하는 프리아모스에게 감동한다. 아킬레우스는 그 장면에서 고향에 있는 아버지를 떠올렸다. 그는 헥토르의 시신을 돌려주고, 헥토르의 장례식 기간에는 공격하지 않겠다고 약속한다. 영웅은 그 약속을 지킨다.

현대에 '십자가'는 매우 친숙한 종교 상징이다. 십자가 형태의 목걸이나 귀걸이는 오늘날 그리스도교인들에게 자연스럽다. 그러나 예수 시대에 '십자가'는 파티 등과 같은 사교적 대화에서 좀처럼 쓰지 않는 단어였다. 로마가 그 기원은 아니지만, 십자가형은 당대 로마 제국이 시행하는 사형 가운데 가장 잔혹하고 혐오스러운 처형 방식이었다. 로마 시민이 사형당할 만한 일을 하여 사형에 처해질 때도 십자가형을 받지 않을 권리가 있었다. 그것은 크게 세 가지 이유로 그러하다. 첫째, 십자가형은 매우 고통스럽기 때문이다. 손과 발에 못을 박고 매다는 것은 머리나 목, 혹은 심장과 같은 기관에 해를 가하는 것과 사뭇 다르다. 십자가형을 받은 사형수는 짧게는 하루, 길게는 3~4일 정도 십자가에 매달려 탈진이나 질식으로 죽게 된다. 둘째, 십자가형은 매우 고통스러울 뿐 아니라 수치스러운 형벌이다. 십자가형을 받은 죄수는 벌거벗겨진 채 사람들이 잘 다니는 거리에 놓이게 된다. 길거리를 지나다니는 사람들은 그의 벗은 몸을 보고 조롱하기 마련이다. 그러나 보다 결정적인 문제는 안티고네와 프리아모스 이야기에서 보았듯이 십자가형을 받아 죽은 죄수의 시체는 매장되지 않는다는 데에 있었다. 십자가형을 받아 죽은 사람들의 시체는 십자가에 매달린 채 새나 들개의 먹이가 되거나 거기서 썩어갔다. 십자가형은 폭력을 동반한 반로마 정치범에게 내려지기 때문에, 그와 인연을 주장하면서 장례를 치러주는 것은 상당한 정도의 정신적, 실체적 압박을 견뎌야 하는 일이었다. 안티고네와 프리아모스와 같은 그런 용기가 있어야 했다.

아리마태아 지역 출신의 명망가 요셉은 예수의 제자였으나 유대 사람이 무서워서 그것을 숨기고 살았다(요한 19:38). 자신의 믿음과 양심을 속이며 사는 그의 속내가 편할 리 있겠냐만, 그것보다

그림 15 프레더릭 레이턴, 《아리마태아 요셉》(왼쪽)

프레더릭 레이턴Frederic Leighton(1830~1896)은 영국 역사에서 처음으로 남작 작위를 받은 화가다. 아리마태아 요셉을 그리는 화가들은 주로 그가 예수의 몸을 안아 든 장면을 그린다. 그러나 레이턴은 예수가 십자가에 달려 죽은 저녁 무렵 그의 고민과 결단을 그리고자 하였다. 그 무렵 요셉이 나이 지긋한 인물이었다면 죽음이 가까워 온 자신의 황혼 무렵에 자신이 무엇을 하여야 하는지, 자신이 누구인지를 선택해야 했을 것이다.

그림 16 《예수의 시체를 내리는 아리마태아 요셉》(오른쪽)

이 조각은 중세 시대 제작된 것으로 추정되는 상아 조각이다. 조각 속 요셉은 이제 다시는 기적을 행하지도 하늘나라를 선포하지도 가르침을 펼치지도 못하는 예수의 시체를 아주 정중히 내려 안고 있다. 하느님 나라를 고대했던 그에게 예수의 시체는 소망의 죽음과 다를 바 없었을 것이다. 그러나 그는 제자들과는 달리 예수의 죽음과 그의 시체를 다른 누구보다도 가까이서 함께 한다. 정경에 속한 네 편의 복음서에 그에 관한 기록은 적지만 그와 관련된 전설은 초기 및 중기 그리스도교에 매우 풍부하게 존재했다. 이 조각은 영국의 빅토리아와 알버트 박물관에 소장되어 있다.

예수의 제자이기에 받아야 할 불이익이 더 무서워서 그러했을 것이다. 그는 잃을 것이 많은 사람이었다. 부자에다가 명망 있는 의회 의원이었다(마태 27:57, 마르 15:43). 그러나 예수가 십자가에 못

박혀 죽자 그는 이전에 두려움에 떨었던 자신이 한없이 부끄러워졌는지 모른다. 용맹을 뽐내던 제자들은 예수의 죽음에 모두 다 도망하며 그들의 허풍과 비겁을 숨기지 못했다. 그러나 다른 제자에게 손가락질을 받으며 세상이 두려워 숨죽이고 괴로워하던 요셉은 모두가 도망간 바로 그때, 마침내 양심과 용기를 되찾는다. 그는 예수에게 십자가형을 선고한 빌라도에게 간다. 그리고 "대담하게"(마르 15:43) 예수의 시체를 내어 달라고 요청한다. 그 심정은 안티고네 그리고 프리아모스와의 그것과 다를 바 없다. 예수의 시체는 그저 실패한 혁명가의 잔해殘骸가 아니라 요셉이 모든 것을 걸고 되찾아야 할 용기와 양심과 진리, 곧 그의 것이 되어야 하는 보물이었다. 그는 그 보물을 발견하고는 자신이 가진 모든 것을 팔아 그것을 사러 간다. 대담하게 진리를 찾아가던 그의 발걸음에는 자유의 새벽이 깃들었을 것이다. 흔들리지 않는 소망이 그의 발걸음에 있었다.

차마 못하는 마음과 정의

'불인지심'不忍之心은 『맹자』 '양혜왕 상편'에 나온 고사에서 유래했다. 부국강병富國强兵을 목표로 삼는 여러 나라의 이념에 대해 왕도정치를 주창하던 맹자는 '불인지심'을 인간의 마음의 핵심으로 보고, 그것으로 정치할 때에라야 비로소 천하가 평안하다고 생각했다. 불인지심은 생명을 가진 모든 것의 고통을 차마 외면하지 못하는 마음이다. 그것은 함께하는 마음이고, '내가 네가 되게 하는' 동감同感에서 우러나온다. 이를 우리말로 '차마 못하는 마음'으로 옮기는데, 오늘날 흔히 쓰는 말로 정의와 배려가 어우러져 나오는 마음이라고 할 수 있다. 동서고금을 통해 '차마 못하는 마음'은 윤리를 낳았는데, 그 윤리가 황금률이다. 기소불욕 물시어인己所不欲勿施於人(공자)이나, "남에게 대접을 받고자 하는 대로 너희도 남에게 대접하라"(예수, 루가 6:31)는 것이 황금률이다. '차마 못하는 마음', 이 마음이 하느님이 인간에게 품었던 마음이고, 인간에게 품으라고, 아니 인간 안에 하느님을 닮아 있는 마음이니 그것을 계발하라는 가르침이 성서에 있다.

정의로운 요셉의 차마 못하는 마음

혼인은 예나 지금이나 여러 문화권을 막론하고 매우 중요한 삶의 사건이다. 채 한 시간도 안 돼 끝나는 오늘날 우리 사회의 혼례식은, 인류의 혼례식 역사를 놓고 보면 특이한 경우다. 지금도 중동 지역을 비롯한 여러 곳에서는 몇 날 며칠을 두고, 혼인을 축하하는 광경을 볼 수 있다. 신약성서 저작 당시 혼례식도 짧고 간단한 우리의 것과 달랐다. 며칠에 걸친 축하와 잔치가 이어졌다. 혼례식은 상당히 중요한 행사라, 그 잔치에 뭔가가 부족하면 신랑 신부가 평생을 두고 비난을 받을 수도 있었다. 가나 혼인 잔치에 포도주가 떨어지자 예수의 어머니 마리아가 얼마나 다급하게 아들 예수를 찾아서 문제를 해결해 달라고 요청했는지를 보면(요한 2:1~12), 당시 혼례식의 중대함을 대략이나마 짐작할 수 있다.

요셉이라는 한 청년이 있었다. 그에 관해 이러저러한 추측이 많지만, 보통의 경우라면 정식 혼례식을 올리지 않은 당시 팔레스타인 남자 청년의 나이는 대략 열여덟에서 스무 살 어간이었을 것이다. 정혼하고 혼인까지 흔히 일 년 정도 기간을 둔다. 정혼은 오늘날의 약혼보다 더 강한 구속력을 가진다. 이미 신랑은 신부 측에 지참금 일부를 지급했을 것이고, 이것은 말로만 하는 혼인 약속보다 '물질'이 오가는 과정을 통해 예비 신랑과 예비 신부의 혼인을 확정하도록 도왔을 것이다. 둘은 정혼하였다 하더라도 같이 동침하는 등 부부처럼 지낼 수는 없었다. 그러나 부부 이전 단계여도 만약 예비 신랑이나 예비 신부가 다른 이성異性과 접촉하고, 그것이 적절하지 못한 행동이었다고 판단되면 간음죄가 성립하였다. 구약은 간음죄를 범한 사람을 돌로 쳐 죽이라고 명령한다(신명 22:23~24). 물론 신약성서 당시에 그 명령이 엄격히 수행되었을지는 미지수다. 그러나 배우자의 간음을 알게 된 다른 배우자가 느꼈을 분노의 정도가 줄어든 것은 아니다.

요셉의 나이가 열여덟에서 스무 살 어간이라면 보통의 경우 마리아의 나이는 오늘날 중학생, 곧 열두 살에서 열네 살 정도의 소녀였을 것이다. 또 특별한 사례가 아니라면 대개 요셉과 마리아는 같은 동네 혹은 그리 멀지 않은 동네에서 함께 자랐을 가능성이 크다. 젊은 남자 요셉은 자신의 여자가 될 마리아와 멋진 혼례식을, 또 앞으로 아름답게 살아갈 날들을 가슴 설레며 꿈꿨을 것이다. 그러나 어느 날 그는 임신한 정혼녀 마리아를 발견했다.

마리아의 아기는 요셉의 아기가 아니다. 요셉은 여자 혼자 아이를 가질 수 없다는 걸 모르는 바보도 아니다. 그때 요셉이 느꼈을 심정을 추측해 본다. 요셉은 어떻게 할지를 궁리했을 것이다. 정혼한 남자 요셉은 자신의 배신감을, 수치심을, 고통을 되갚아줄 여러 방법을 강구할 수 있었다. 가장 간단한 방법은 마리아가 자기와는 상관없이 누군가의 아이를 가졌다고 크게 떠들어대는 것이다. 마리아를 부정한 여인으로 만들고, 자신을 순전한 피해자로 내세우며 온갖 모욕과 수치와 경멸과 혐오를 마리아에게 퍼부을 수 있다. 요셉은 다시 정혼하고 혼인하는 데에 아무런 문제가 없다. 마리아보다 더 나은 여인을 찾을 수도 있다. 그러나 요셉은 그렇게 하지 않았다. 성서는 그가 마리아에게 수치와 보복을 하지 않은 이유를 설명한다. 요셉은 '정의로운' 사람이었다.

'의롭다.' 당시 '의롭다'는 말은 '율법을 잘 지킨다'는 의미다. 율법을 잘 지킨다면 간음한 여인을 돌로 쳐야 하는 것 아닌가? 여기서 마태오 복음서는 '정의'를 새롭게 정의한다. 아니 새롭게 정의한다기보다는 율법의 핵심을 드러내고자 한다. 그것은 '차마 못하는 마음'不忍人之心이었다. 요셉은 차마 마리아에게 모질게 하지 못하였다. 한때 정혼하였던 그 여인에게 일어난 일을 두고 치솟아 오르는 울분이 없을 리 없었지만, 그렇다고 해서 요셉은 마리아에게 차마 고통을 주지 못하였다. '차마 못하는' 그 마음, 사실 그것은 하느님의 마음이고, 예수 그리스도의 마음이며, 성령님의 마음이기도 하다. 수치와 경멸을 받아야 마땅한 대상으로 판명되었다 하더라도, 하느님은 인간에게 차마 심판하고 정죄하면서 죽음을 선포하지 못한다. 대신 그 마음에 따라 인간에게 살길을 내어주신다. 하느님의 차마 못하는 마음, 그 마음은 바로 인간이 서로 살도록 하는 유일한 길이다. 요셉은 그 마음을 가진 사람이었고, 마리아에게도 차마 못하는 마음을 품었다. 마태 복음서 저자는 이러한 요셉을 두고 '정의로운' 사람이라고 부른다. 사람을 살리는 하느님의 정의를 실행하였기 때문이다.

마침내 요셉은 마리아의 임신에 관련된 놀라운 계시를 듣고, 그 계시에 따라 마리아를 아내로 맞는다. 자신의 아내가 하느님의 역사 속에서 쓰임을 받았다는 사실에 공경하는 마음을 가지고 말이다(마태 1:24~25). 하느님이 인류를 향해 품은 차마 못하는 마음은, 그 마음을 지닌 정의로운 사람 요셉을 통해 이 땅에 안전히 도착하였다.

위로의 아들, 요셉

성서의 인물들 가운데 같이 지내기 싫은 사람들은 쉽게 떠오른다. 가령 젊은 야곱하고는 함께 하고 싶지 않다. 그 사람은 간교한 사람, 속이는 사람이기 때문이다. 가롯 유다하고도 친구가 될 수 없다. 그는 자기와 자기 구세주를 배신하였으니, 누구라도 그에게 마음을 주는 친구가 되어 주기는 힘들다. 반대로 '함께 인생을 보내고 싶은 사람'은 누구일까? 흩어진 유대인의 후손으로, 키프로스라는 경치 좋은 곳에서 태어난 요셉이면 어떨까? 키프로스의 요셉이라는 그의 본명은 몰라도, 별명을 대면 이내 누구인지 알아차릴 사람들이 많다. 바나바.

우리가 알고 있는 바나바라는 이름은 사실 별명이다. 요셉은 흔하디흔한 이름이었기 때문에 그를 다른 사람들과 구분하고자 하는 목적도 있었지만, 초기 교회 제자들은 그의 삶을 가장 잘 요약하는 별명을 따로 붙여, 그의 인품과 사역에 애정과 존경을 표하고자 했다. 바나바, 그 이름의 뜻은 '위로의 아들'이다. 그는 다른 이들을 위로하고 격려하며 살았다. 오늘날 유행하는 힐링이나 '치유'와는 다른 것이었다. 그의 '위로'는 복음을 통한 순전하고도 강력한 것이었다.

바나바의 '위로'의 사역이 맺은 열매 가운데, 우리가 기억할 만한 작품이 바로 사도 바울이다. 그를 변화시킨 주체는 예수 그리스도지만, 바나바는 바울의 선배이자 선생으로 또 동역자이자 후원자로 함께하였다. 다마스쿠스 가는 길에서 예수 그리스도를 만나 변화되고 복음을 전한 후, 바울은 예루살렘으로 돌아와 다른 제자들과 함께하고자 했다. 그러나 예루살렘의 제자들은 바울이 변화되었다는 사실을 믿을 수가 없었고, 오히려 그를 두려워했다. 그런 와중에 바나바는 변화된 바울을 알아보고 그를 '맞아들였다'고 한다(사도 9:26). 이 '맞아들였다'는 말은 단순히 그를 환영했다는 뜻이 아니다. 난처한 상황에 처한 바울이 낙심하지 않도록 바나바가 꼭 쥐고, 흔들리지 않도록 꽉 붙잡은 것이다. 나아가 바나바는 주위의 여러 염려에도 불구하고 사도들에게 바울을 데려갔다. 그리고 단지 바울을 그들에게 소개할 뿐 아니라 바울을 대신해서 바울이 길에서 주님을 본 일과, 주께서 그에게 말씀하신 일과, 바울이 다마스쿠스에서 예수의 이름을 담대히 말한 일을 사도들에게 자세히 이야기해 주었다. 이후에야 바울은 사도들과 제자들 사이를 오고 가며 예수 그리스도의 지상 사역에 관해서 이야기를 들을 수 있었다. 그는 위기에 처한 한 사람을 유심히 보고, 그를 맞아들여 그

그림 17 익명의 롬바르도, 《밀라노의 선교사 바나바》, 약 18세기경 작품, 밀라노 교구 박물관.

바나바의 손에 불이 있는 것은 그가 "성령과 믿음이 충만한" 사람(사도 11:24)이며, 그 성령과 믿음의 불로 말씀을 전하고 사람들을 가르쳤다는 성서 기록(사도 11:26)을 표현하기 위해서다. 불은 사람들을 사랑하는 그의 마음을 보여 주기도 한다.

리스도교의 역사를 바꾸게 하는 인물로 성장하도록 도왔다.

'위로의 사람' 바나바는 차별심을 넘어서는 미덕을 갖춘 사람이기도 했다. 스데반의 순교 이후 흩어진 사람들이 그리스 사람에게 전도하게 되었다. 그런데 그 수가 많아지게 되자 예루살렘 교회는 이 소식을 듣게 되었고, 많은 이방인이 포함된 채로 세워진 시리아의 안티오키아 교회에 복음을 잘 이해하고 신뢰할 만한 지도자를 보내야 했다. 그런데 경건한 유대인들은 비록 그리스도교인이 되었다 해도 이방인과 접촉하기를 꺼렸다. 그리스도 안에서 유대인과 이방인의 구분은 이미 사라졌지만, 유대인들에게는 뿌리 깊은 이방인 차별심이 존재했던 것이다. 그때 예루살렘 교회가 선택한 인물이 바나바였다. 그는 "이방인은 불결하다"는 편견을 떨친 사람이었다. 그러면서도 정통 유대인들이 보기에도 흠이 없는 사람이요 믿을 만한 사람이었으니, 평소에 그의 신앙과 경건, 그리고 인격의 넓이와 깊이가 어느 정도인지 가늠해 볼 수 있다. 그는 사람을 가르고 구분하는 인간의 기준이 아니라 모든 인간을 사랑하는 하느님의 눈을 가지고 있었던 것이다. 그에게 중요한 것은 하느님이 사랑하는 사람을 섬기는 것이지, 세상의 기준이 아니었다. 오늘날 우리도 우리에게 값없이 임한 하느님의 은혜와 사랑을 보고 우리를 향한 차별의 눈길을 거두어 주었으면 하고 다른 이들에게 바라지 않는가. 바나바는 '차마 못하는 마음'으로 차별과 경계를 넘었다.

사람들은 성령과 믿음이 충만한 바나바를 통해 하느님의 사랑을 보았으며, 그를 통하여 예수 그리스도의 은혜를 체험했다. 성령이 진정으로 계시며 그분이 지금 여기서 활동하심을 느꼈다. 그래서 많은 사람이 주께로 나아오게 되었다. 그러나 바나바는 안티오키아 교회에서 목회적인 성공을 거둔 후에 자만하지 않고, 오히려 자기의 부족함을 느꼈다. 어떤 사람이 위대한가? 자기가 부족하고, 모자라고, 항상 더 보탤 게 있고, 실수가 많은 사람임을 자인하는 사람이다. 반대로 어떤 사람이 보잘것없는 사람인가? 자기가 의롭고 우월하며 높은 곳에 있다고 착각하는 사람이다.

겸손한 바나바는 고향 타르수스에 머물던 바울을 찾으려고 그곳으로 갔다. 안티오키아에서 타르수스는 결코 가까운 거리가 아니다. 운송 수단이 발달하지 않은 당대에 안티오키아에서 타르수스로 가는 것은 보통의 마음 가지고는 갈 거리가 아니었다. 그런데 성공한 목회자 바나바가 그렇게 먼 길을 갈 정도로 바울이 당시 대단한 인물이었던가? 그렇지 않다. 바울은 어찌 보면 자기 고향 타르수스로 낙향한 사람이었다. 그때까지만 해도 그는 성공적인 전도를 하지 못하였다. 제대로 된 목회해 본 적이 없는 사람이었다. 그런데도 바나바는 먼 길을 달려 바울을 찾아갔다. 왜 그랬을까? 이유는 너무나 간단한 것 같지만 동시에 너무나 대단하다. 바나바는 바울에게 임한 예수 그리스도의 계시의 내용, 곧 바울이 이방인을 위한 예수 그리스도의 증인이 될 것이라는 그 계시의 내용을 믿었기 때문이다. 이방인 선교라면, 지금도 자신이 잘하고 있지만, 주님께서 바울에게 맡긴 선교의 사명이 있다고 믿었고, 그것이 실현되기를 바랐다. 이는 놀라운 일이다. 바나바는 다른 사람에게 임한 하느님의 은혜를 존중하며 이를 위해 자신의 지분을 아낌없이 내어주는 데에 그치지 않고, "이 일은 당신의 일"이라고 먼 곳을 찾아가서 주님의 계시를 이루려고 하는 것이다. 자신의 뜻과 목적을 이루려고 주님의 뜻과 목적을 무시하는 못난 모습과는 반대된다. 그는 겸허하게 자신의 자리에 다른 이를 앉게 하였다.

위로의 아들인 바나바는 차별심을 넘어서서 겸손하고 경건하게, 그리고 성실하게 자신을 줄여나가면서 동시에 하느님의 자리를 인생에서 넓혀갔다. 그리하여 그에게 별명이 생겼다. 그는 그렇게 복음에 따라 살면서 삶의 원리를 우리에게 깨우친다. 엄격과 규칙, 규율과 명령으로 사람이 바뀔 것 같지만 바뀌지 않는다. 명령과 법이 제아무리 엄격해도 그것들은 그저 사람의 겉만을 잠시 통제할 수 있을 뿐이다. 진정으로 사람을 변화시키는 것은 한 사람에 대한 끊임없는 위로와 격려, 그리고 믿음뿐이다. 그것도 얕은 것이어서는 안 된다. 하느님과 인간과 역사에 대한 진실, 곧 복음에 근거를 둔 위로여야 한다. 위로의 아들 바나바는 그와 같이 별명을 얻고 살았다. 별명이 없는 인생은 제대로 산 인생이 아닐 거라는 생각도 해 본다. 적어도 열정적으로 산 인생이 아닐 것이다. 바나바는 '차마 못하는 마음'을 넓혀간 모범적인 인물이 되었다.

포도원 주인의 정의와 차마 못하는 마음

마태오 복음서 20장 1~16절은 이른바 '포도원 품꾼의 비유'로 불리나 이 비유는 '정의롭고 자비로운 포도원 주인의 비유'로 이름 짓는 것이 타당하다. 이 비유는 앞에서 살핀 마리아의 남편 요셉의 '정의'가 '차마 못하는' 마음과 더불어 있다는 것의 연속선상에 있다. 요셉의 정의와 불인지심은 한 개인의 도덕 문제와 관련하였고, 이 비유는 공동체와 가치 분배 방식을 다룬다.[1]

예수가 살던 1세기 지중해 세계의 대다수 사람은 촌락을 이

[1] 이 비유를 해설한 것은 나의 '한 데나리온의 애환哀歡', 「기독교사상」 690(2016), 56~65를 수정한 것이다. 이 글을 확장하고 다듬어서 다음 논문으로 발표하였다. 김학철, '정의롭고 선한 포도원 주인의 비유', 「신약논단」 23(4/ 2016), 895~931.

루고 농업에 종사하며 살았다. 촌락은 기본적으로 자급자족 이상의 생산을 하지 못했고, 혹여 잉여생산물이 나오더라도 그것을 적극적으로 거래할 수도 없었다. 많은 잉여생산물이 나온다 하더라도 그것은 온전히 그들의 몫이 아니었는데, 지배자들은 잉여물에 대해 세금을 부과했고, 부재지주不在地主 역시 보다 높은 소작료를 요구했다. 그뿐만 아니었다. 같이 일하는 동료들과도 적절히 분배해야 했는데, 이들은 서로 친족이거나 같은 마을에 사는 '한 마을 사람'이었고, 이들 사이에는 호혜의 윤리가 작용했다. 따라서 대다수 사람에게 재화는 늘 한정된 것이었고, 잉여생산물은 '위에 계신 분'에게 보내 충성심을 보여 뒷날에 '은혜'를 기대해야 했고, 동료들과 호혜적 관계를 유지하여 훗날 어려운 시기가 닥쳐왔을 때를 대비해 '보험'을 들어야 했다. 이와 같은 이른바 '닫힌 경제 체제'에서 가장 중요한 목표는 자신이 지금 먹고살 수 있는 지위에 있다면 그것을 유지하는 것이다. 급속한 기술발전이나 새로운 재원의 발견이 더딘 사회에서는 새로운 직업이 나올 가능성이 매우 낮았기 때문이다.

이런 상황에서 비유는 이렇게 시작한다.

> 하늘나라는 자기 포도원에서 일할 일꾼을 고용하려고 이른 아침에 집을 나선 어떤 포도원 주인과 같다. (새번역)

'하늘나라는 포도원 주인과 같다', 곧 그의 행동이 드러내는 바와 같다고 한다. 품꾼과 그의 일이 아니라 주인의 행동에 주목해 볼 것을 비유는 요청한다.

포도원 주인은 아침 일찍 사람들이 모여 있는 장터(아고라ἀγορά)에 나가서 한 데나리온씩의 일당을 약속하고 일꾼을 고용한다. 흔히 '광장'으로 번역하는 아고라를 개역개정판, 새번역, 공동번역 개정판 모두 '장터'라고 번역하였는데, 이 비유의 맥락에서 이것은 새벽부터 열리는 '인력시장'이라고 이해할 수 있다. 그리스 도시에서 아고라는 기본적으로 사람들이 많이 모이는 곳을 뜻하며, 새벽에는 인력시장으로 낮에는 시장으로 또 연설장으로 다양하게 활용되었기 때문이다. 자신의 노동력을 팔려고 삼삼오오 새벽부터 모여 있는 인력시장의 풍경은 우리에게도 낯설지 않다. 이 인력시장은 중동 지역에서 여전하고, 예수 시대에도 성행했다.

한 데나리온은 노동자의 하루 품삯이었는데 이것의 구매력이 얼마인지는 확실히 정할 수 없지만 대체로 4인 가족이 하루를 보내기에 넉넉지 않은 돈으로 추정한다. 계시록 6장 6절은 어려워진 경제 형편을 묘사하기 위해 "하루 품삯으로 고작 밀 한 되, 아니면 보리 석 되를 살 뿐이다"라고 하는데, 이것은 하루 품삯이 밀의 경우 한 명분의 하루 먹거리밖에 살 수 없는 상황임을 보여준다. 일부 학자들은 한 데나리온이라는 하루 품삯은 고질화된 저임금이었다고 주장한다. 그러나 '저임금'인지 '고임금'인지를 판단하는 것은 임금에 대한 사회적 상식에 따라 달라지는 문제이다. 여기서 중요한 점은 포도원 주인이 품꾼들의 삯을 후려치지 않고, 다시 말해 '너희 말고도 내 밭에서 일하고 싶은 사람은 많아'라며 삯을 내리지 않고 하루 품삯을 주기로 한 데에 있다.

'하루 품삯은 한 데나리온'이라는 이른바 사회적 상식이 있었지만, 체불은 빈번히 일어났고 간혹 아예 고용주가 떼먹는 일도 일어나곤 했다. 이는 기본적으로 당시 경제 상황이 오늘날과는 비교할 수 없을 정도로 경제적 약자에게 열악했기 때문이다. 일차 산업의 생산 수단인 토지를 점유한 자작농의 수는 늘지 않았다. 대신 흉년 등의 불행이 닥치면 적지 않은 자작농이 자신이 대대로 물려받은 토지를 담보로 빚을 내었고, 그 빚의 원금과 매우 높은 이자를 내다가 담보로 맡긴 토지가 넘어가기 일쑤였다. 이스라엘의 하느님은 "너희가 너희 가운데서 가난하게 사는 나의 백성에게 돈을 꾸어 주었으면, 너희는 그에게 빚쟁이처럼 재촉해서도 안 되고, 이자를 받아도 안 된다"(출애 22:25)고 강력히 요구했지만, 그것은 제대로 지켜지지 않았다. 새벽 인력시장에 나온 이들은 토지를 잃은 사람들 또는 소규모 자작농이기에 자기 땅을 부쳐서는 먹고살기가 빠듯한 사람들 등 경제적 약자였고, 그들을 위해 옹호해 줄 사람도 없었다. 임금 체불이나 착취가 일어나 법에 호소한다 해도 고용주인 부자와 가난한 그들 사이에 공정한 재판을 기대할 수는 없었다. 성서는 굽은 재판에 대한 비판과 공의롭게 행해야 할 재판을 강력하게 요청하지만(예를 들어 신명 16:19("당신들은 재판에서 공정성을 잃어서도 안 되고, 사람의 얼굴을 보아주어서도 안 되며, 재판관이 뇌물을 받아서도 안 됩니다. 뇌물은 지혜 있는 사람의 눈을 어둡게 하고, 죄 없는 사람을 죄인으로 만듭니다")) 그것은 지켜지지 않았다. 재판은 완전히 부자에게 유리했는데, 고대 로마 시대의 한 기록을 보면 임금을 체불한 것으로 고발된 한 부자가 당시에 가장 강력하고 전형적인 논변을 재판장과 사람들 앞에서 펴는 장면이 나온다. "저는 부자입니다. 그 정도 임금은 얼마든지 줘도 제 재산에 지장이 없습니다. 그런데 제가 왜 그에게 임금을 주지 않고, 이 법정에 서는 번거로움을 감수한다는 것입니까?"

많은 노동 희망자에 비해 적은 고용 시장은 절대적으로 고용주가 유리한 상황을 만들었다. 이러한 상황에서 아침 일찍 인력시장에 나간 비유 속 포도원 주인은 한 데나리온을 약속하며 노동자들을 자기의 포도원으로 불러들여 일을 시켰다.

20장 1절부터 2절까지는 특별할 것이 없는 상황이다. 다만 청지기가 있는데도(20:8) 포도원 주인이 직접 고용에 나선다는 점만이 눈에 띈다. 비유가 일상에서 벗어난 특이점은 3절부터 나온다. 주인은 제 삼 시 곧 오전 아홉 시에 다시 '장터'(아고라)로 나간다. 이때 그곳에 나간 이유가 명시적으로 나오지 않는다. 일부 학자는 포도원의 추수철은 짧은 기간에 대규모 작업을 수행해야 하기에 굉장히 많은 일꾼이 필요했고, 포도원 주인이 새벽에 나가서 품꾼을 고용할 때에 사람 수를 정확히 계산하지 못했기 때문에 더 많은 품꾼을 고용하기 위해 '장터'에 다시 나갔다고 주장한다. 그러나 그러한 주장에 선뜻 동의하기 어렵다. 포도원 수확 철이라 일손이 부족한 시절이었다면 이미 인력시장에 나온 사람들은 다 '팔려'갔을 것이기 때문이다. 비유가 이후에 알려주듯 오후 다섯 시까지 일자리를 구하지 못한 사람들이 여전히 남아 있었다는 것은 그때가 시급히 포도원 품꾼이 필요한 시기가 아니었음을 알려준다. 또 오전 아홉 시에 그곳은 이미 사람들이 물건을 사고파는 시장이나 여러 사람의 주의를 끌고자 하는 사람들이 이리저리 뒤엉키는 시간대이기 때문에 포도원 주인이 고용을 목적으로 그곳에 갔다고 상상하기도 어렵다.

3절에 대한 번역은 이 비유를 이해하는 데에 매우 중요한 역할을 한다. 우리말 번역본들은 이렇게 쓴다.

> 새번역 : 그리고서 아홉 시쯤에 나가서 보니, 사람들이 장터에 빈둥거리며 서 있었다.

> 개역개정판 : 제 삼시에 나가 보니 장터에 놀고 서 있는 사람들이 또 있는지라.

> 공동번역개정판 : 아홉 시쯤에 다시 나가서 장터에 할 일 없이 서 있는 사람들을 보고

새번역과 개역개정판은 장터에서 '빈둥거리는' 혹은 '놀고 서 있는' 사람들을 주인이 보았다고 전한다. 공동번역개정판은 주인이 본 사람들이 '할 일 없이 서 있는' 사람들이라고 번역한다. 이 부분에 관해서 공동번역개정판이 문맥을 고려할 때 가장 적합한 번역을 하고 있다고 평가할 수 있다. 그리스어 '아르고스'ἀργός는 물론 '게으르다', '쓸모없다'를 뜻하기도 하지만 그것은 고용되지 않은 상태, 곧 무직의 상태를 의미하기 때문이다. '아르고스'의 뜻은 오늘날에도 여전히 강고한 게으름과 가난에 대한 고정관념을 담고 있다. 누

군가 가난한 이유는 게으르기 때문이라는 것이다. 그러나 그게 아니다! 주인이 본 사람들은 게을러서 '빈둥거리는' 사람들이거나 일이 하기 싫어 '놀고 서 있는' 사람들이 아니다. 그들을 고용하는 사람이 없었기에 그들은 '할 일 없어서' 하릴없이 서 있다. 그들은 집에 돌아갔을 때 반갑게 맞아줄 자식의 얼굴과 곧바로 아버지의 손에 아무것도 들려있지 않아서 오늘도 주린 배를 쥐고 잠이 들어야 한다는 것을 깨달은 자식의 슬픈 얼굴을 떠올리며 서 있다. 그러나 어쩔 방법이 없다. 그들이 가진 것은 고용주가 크게 원하지 않은 몸뿐이고, 그렇다고 구걸하기에는 정상적인 몸이다. 고용되기에 무엇인가 '하자'가 있는 사람들이 일거리를 구하지 못해 하릴없이 오전 아홉 시 장터에 남아 고개를 숙이고 있을 때 포도원 주인은 그들을 보고 말한다. "너희도 포도원에 들어가라!"

너희도 포도원에서 일하라는 주인의 말은 그들에게 기쁜 소식, 곧 복음이었을 것이다. 덧붙여 주인은 "내가 너희에게 상당하게 주리라 하니"(개역개정판), "적당한 품삯을 주겠소"(새번역), "그러면 일한 만큼 품삯을 주겠소"(공동번역개정판)라고 말한다. 핵심어인 '상당하게', '적당한', '일한 만큼'은 그리스어 '디카이오스'δίκαιος의 번역이다. 이 단어는 널리 알려진 대로 '정의롭다'를 뜻한다. 이 비유를 듣는 청중들은 주인의 이 말 앞에서 묻게 된다. 새벽부터 일하는 사람은 하루에 한 데나리온의 품삯을 주기로 했다. 그렇다면 오전 아홉 시에 고용된 사람에게는 얼마를 주어야 정의로운가? 이 의문이 해결되기 전에 주인의 이상한 행동이 이어진다.

이미 말한 대로 새벽 인력시장에 나가고 난 후 오전 아홉 시에 장터로 다시 나간 주인의 목적이 품꾼을 고용하기 위해서라고 추측하기는 어렵다. 그러나 이후 이어지는 주인의 행동은 고용을 위한 의도적인 장터 방문이라 할 만하다. 오전 아홉 시에 일이 없는 이들을 포도원에 들여보낸 주인은 정오 열두 시, 오후 세 시에 연속해서 장터로 나간다. 그리고 그때마다 아홉 시에 했던 행동, 곧 일거리가 없는 그들에게 일을 준다. 마침내 오후 다섯 시, 해가 뉘엿 넘어가려고 할 때, 포도원의 하루 일을 마감해야 할 때가 되었을 때도 주인은 장터에 나간다. 심지어 그때에도 하루 종일 고용되지 않은 이들이 있다. 6절에 나온 주인의 질문을 번역본들은 각각 "너희는 어찌하여 종일토록 놀고 여기 서 있느냐"(개역개정판), "'왜 당신들은 온종일 이렇게 하는 일 없이 빈둥거리고 있소?"(새번역), "왜 당신들은 하루 종일 이렇게 빈둥거리며 서 있기만 하오?"(공동번역개정판)로 번역한다. 다른 번역본들은 3절에서도 나온 '아르고스'를 '빈둥거리다' 혹은 '놀고'로 동일하게 번역하는데, 공동번역개정판은 이상하게 '빈둥거리다'로 바꾼다. 이것은 3절에서 비유의 뜻을 잘 살린 번역이 갑자기 후퇴한 꼴이다. 오후 다섯 시까지 '아르고스' 상태에 있던 그들은 '빈둥거린'(게으름을 피우며 논) 것이 아니다. 7절이 명확하게 밝힌 대로 그들이 지금까지 그렇게 하고 있는 것은 그들이 게으르거나 일하기 싫어해서가 아니라 아무도 그들을 고용하지 않았기 때문이다. 그들은 나태한 마음으로 느긋하게 하루를 때우고자 하는 사람들이 아니라 어제 저녁도 굶고 잔 아이들 얼굴이 자꾸 떠올라, 몸이 성치 못한 어머니의 기침이 귀에 맴돌아 조바심을 내다 어느덧 익숙한 절망과 체념에 고개 숙인 이들이다. 주인은 그들에게도 말한다. "당신들도 포도원에 가서 일을 하시오."

비유가 이쯤 진행되면 예수의 청중들은 정오, 오후 세 시, 오후 다섯 시에 계속해서 장터에 나가 일거리를 잡지 못한 사람들을 포도원으로 불러들인 주인의 행동 배후에 무엇이 놓였는지를 짐작한다. 그는 포도원의 필요가 아니라 하루의 품삯이 없으면 삶의 안정을 잃어버릴 수밖에 없는 품꾼들의 필요에 따라 움직였다. 품꾼들의 필요를 살피게 한 것은 그의 마음에 있는 연민 곧 측은지심 외에 다른 것이 아니다. 이 지점에서 청지기가 있음에도 주인이 직접 고용에 나서도록 비유가 설정된 이유도 밝혀진다. 아마 청지기라면 그렇게 할 수 없을 것이다. 청지기는 품꾼을 고용할 때 효율을 생각할 수밖에 없다. 그는 불필요한 인력을 더 고용할 수 없다. 그러나 주인은 그렇게 할 수 있다. 주인이 품꾼들의 사정을 알자 그는 포도원에서 최소 비용으로 최대의 효과를 거두자는 욕심을 기꺼이 양보했다. 그렇기에 그는 선한 사람이다. 그는 그렇게 하는 것이 선한 행동임을 알았다. 그리고 그것이 바로 주인이 생각하는 정의다!

이후 주인은 8절에서 주목할 만한 언행을 한다. "포도원 주인이 자기 관리인에게 말하기를 '일꾼들을 불러, 맨 나중에 온 사람들부터 시작하여, 맨 먼저 온 사람들에게까지, 품삯을 치르시오' 하였다." 품삯은 한 데나리온씩이었다.

패트릭 페에르츠 드 베Patrick Paearz de Wet가 17세기 중엽에 이 비유를 그린 바로크풍의 작품을 보자(그림 18). 화면을 가운데로 나누

그림 18 페트린 페에르츠 드 베, 《포도원 품꾼의 비유》, 부다페스트 박물관.

어 대립하는 두 인물이 있다. 왼편에 오른손으로 농기구를 들고 자신이 받은 한 데나리온이 부당하다며 따지는 노동자다. 그는 왼손에 자신이 하루 품삯으로 받은 한 데나리온을 들고 '공정'을 요구한다. 부재지주에게 이렇게 맞선다는 것은 대단히 부당한 처우를 받지 않고서는 할 수 없는 일이었다. 오른편에는 그 노동자의 공정 요구에 맞서 자신의 가슴에 손을 대며 말하는 주인이 있다. 주인 기준으로 왼쪽에는 청지기가 품삯을 나누고 있고 그 장면 바로 아래 한 부부가 한 데나리온을 받고 기뻐한다. 젊은 아내는 젖을 떼지 못한 아이를 안고 함박웃음을 짓는다. 화면 중앙 아래에 두 명의 아이는 이 상황에 덩달아 신나 있다. 항의하는 노동자 바로 앞에는 무릎을 꿇고 자신이 받은 한 데나리온에 놀라는 여인이 있다.

자신이 한 일 이상으로 받았다고 여기고 감사한 나머지 무릎을 꿇은 사람은 그만이 아니다. 화면 왼편 아래 한 남성이 무릎을 꿇고 공손히 한 데나리온을 손에 쥐고 있다. 바로 앞에 서 있는 남성은 오른손으로 왼팔을 붙들고 있는데, 그의 왼손이 보이지 않는다. 어쩌면 장애를 가진 사람인지도 모른다. 품삯이 지불되는 집안과 달리 빛이 비치는 집밖에는 이에 관한 소문이 났는지 한 젊은 남자가 들떠서 젊은 여인에게 이 소식을 알리는 듯하다.

도대체 왜 이런 순서로 임금을 지불했을까? 일을 한 순서대로 임금을 지급했다면 새벽부터 일한 이들도 현장에서 불평하지 않았을 것이고, 이후에 조금씩 일한 사람들은 동일하게 주어지는 한 데나리온에 점차 감격했을 것이다. 한 시간만 일한 사람들이 한 데나리온을 손에 쥘 때 그들의 감사와 기쁨은 얼마나 가득했겠는가. 그러면 그 자리는 감격과 감사의 자리가 되었을 것이다. 그러나 처음에 온 사람들이 마지막에 한 데나리온을 받고서는 원망을 터뜨렸다. 이런 결과를 예상하지 못했을지라도 굳이 먼저 온 사람과 마지막에 온 사람의 임금 지불 순서를 바꾼 이유를 우리는 추측해 볼 수 있다. 크게 두 가지 가능성을 생각할 수 있다.

하나는 주인이 마지막에 온 이들의 상처받은 마음을 돌보려 했다는 것이다. 종일 일을 구하지 못해 조바심과 낭패감에 쓸리고 쓸린 마음을 주인이 먼저 달래려 했다는 추측이다. 아침부터 일을 한 사람은 비록 노동 시간은 더 많았을지언정 그들은 일을 구하지 못해 맘고생을 하지는 않았다. 그들은 일을 열심히 하여 받은 품삯으로 밀가루와 기름을 사서 맛있게 빵을 구워 가족들에게 먹이는 장면을 상상했을 수 있다. 하여 주인은 쓰린 마음을 지닌 이들, 한 시간밖에 일하지 않은 사람들에게 한 데나리온을 쥐여주며 한 시간을 일했지만 '그대들은 가족을 먹일만한 사람들'이라고 덕담을 건네려고 했을지 모른다.

다른 하나는 이 자리에서 주인의 뜻을 공개적으로 알리기 위해서였을 것이다. 이 비유를 배경으로 경제적 상황에서 선한 마음을 가진 주인이 할 수 있는 최선의 방법은 바로 이와 같다. 포도원 주인이 부자라고 해도 그가 지급할 수 있는 재원은 한정되어 있기 마련이다. 포도원의 생산물 이상으로 임금을 지원할 수 없다. 그러면 어떻게? 가능한 한 많은 사람을 연명하게 해 주는 방법은 하루 품삯인 한 데나리온을 주면서 최대한 많은 인원을 고용하는 것이다. 비유에서 새벽부터 일한 사람들은 노동의 양과 질에 따라 임금의 차등을 주장하는 시장 이데올로기 혹은 성과주의의 대변자들처럼 행동한다. 그러나 주인은 단호하다. "내 것을 가지고 내 뜻대로" 한다. 이것은 성과주의자들의 논리적 맥락에 닿아 있는 유산자有産者들의 논리다. 그러나 이 말을 들어 주인이 저 횡포를 부리는 동시대 다른 부재지주들과 다를 바 없다고 생각할 수는 없다. 도리어 비유 속 주인은 능력주의자 혹은 성과주의자들의 논리를 빌어 그들의 주장을 논박하고 있는 것이다. 그는 포도원의 최대 이익이 아니라 최대한 많은 이를 고용하는 것이 포도원을 운영하는 사람으로서 정의롭고 선한 일이라 생각하고 이를 모두에게 알린 셈이다. 이 와중에 가장 손해를 본 사람은 주인 자신이기도 하다.

획일적 평등은 가능하지도 않고 바람직하지도 않을 것이다. 그러나 사람에게 그 능력의 여하와 관계없이 인간으로서 존엄과 인권이 가능하게 하는 경제적 보장이 있어야 한다. 우리는 이를 '경제 인권'이라 부를 수 있다. 이 점에서 우리 사회의 모든 이는 '우리와 같아야 한다'. 가난하여 겉옷을 담보로 맡았더라도 "해가 지기 전에 그에게 돌려주어야 한다. 그가 덮을 것이라고는 오직 그것뿐이다. 몸을 가릴 것이라고는 그것밖에 없는데, 그가 무엇을 덮고 자겠느냐? 그가 나에게 부르짖으면 자애로운 나는 들어주지 않을 수 없다"(출애 22:26~27)고 선언한 하느님은 사람을 경제적 이득을 얻어내는 대상이 아니라 '이웃' 곧 우리와 같은 사람으로 보아야 한다고 가르친다. 많지도 않은 한 데나리온, 그 기본 소득에 걸린 애환哀歡을 풀어놓는 비유를 하나하나 짚어가며 경제 운영의 목표란 정녕 무엇인지를 생각해보지 않을 수 없다.

기적의 내면

'기적'이 놓인 오늘날의 자리

그리스도교 신앙은 그 의미를 무엇이라 정의하든 간에 근본적으로 '기적'에 근거하고 있다. 그런데 기적을 말하는 그리스도교는 근대에 들어 큰 도전에 직면했다. 이른바 과학적 방법론과 사고방식이 확산되면서 '기적'에 대한 의심이 본격화되었기 때문이다. 가령 유명한 철학자 데이비드 흄David Hume은 그의 글 「기적에 관한 에세이」Essay on Miracles에서 기적의 역사적 사실성을 의심하였고, 이 세계를 빈틈없는 원인과 결과의 기계적 인과관계로 해석한 물리학자 뉴턴의 이름을 딴 뉴턴주의Newtonianism는 기적의 가능성을 부정했다. 그러나 성서는 예수가 기적을 행했다고 증언한다.

성서에서 예수는 스스로 '기적'이라고 불릴만한 일을 한다고 의식했고, 또 그 기적의 목격자들 역시 예수가 '기적'을 일으킨다고 생각했다. 예수의 극렬한 반대자들 역시 예수가 기적을 일으킨다는 사실 자체를 부정하지 못했다고 보도된다. 예수의 기적에 대한 가장 강력한 비판은 "예수 당신은 기적을 일으키지도 못하는데, 기적을 일으킨다고 거짓말을 한다"일 텐데, 반대자들은 그렇게 하지 못했고, 기적을 일으키는 예수의 힘이 하느님으로부터 온 것이 아니라 바알세불에게서 온 것이라고 고발할 뿐이다(마태 12:22~32).

기적이 과학적으로 불가능하다고 주장하는 사람들은 자신이 이해한 '과학'의 범위 내에서 기적을 부정한다. 그러한 사람들에게 '성서가 기적을 증언한다'고 알려준다고 해서 그들이 기적을 받아들일 리는 없다. 다시 말해 그들 자신이 가지고 있는 '과학'에 대한 이해를 바꾸지 않는 한 그들을 설득할 수는 없을 것이다. 그러나 그리스도교인들은 성서의 증언을 진실한 것으로 받아들이고, 그 증언에 따라 사는 사람들이다. 하여 그리스도교인들은 예수의 기적을 믿고 받아들인다. 그렇다고 과학 전체를 부정하는 방식으로 신앙을 주장하는 일은 어리석다. 현재의 과학 이론과 성서의 증언이 엇갈리게 보이는 경우(엇갈리는지 아닌지에 관한 최종 결론이 현재로서는 있을 수 없기에) 우리는 성서의 증언을 잘못되었다거나 거짓으로 판정하지 않고, 일단은 하느님의 능력과 신비의 영역 아래 놓아둔다. 과학 이론은 발전하는 것이기 때문에 섣불리 성서의 증언을 과학에 기대어 '옳다'거나 '그르다'라고 말하는 것은 경솔하기 때문이다.

성서에는 하느님과 예수가 일으키는 기적에 대해 다양한 반응이 나온다. 가령 하느님의 분명한 기적이 계속되는 데도 파라오는 마음이 강퍅해져서 하느님의 뜻이 담긴 기적을 받아들이려 하지 않는다. 예수의 기적은 예수 안에서 하느님이 함께하시는 역사를 증언하기 위한 역할을 한다. 그러나 예수의 반대자들은 그 표적을 받아들이지 않는다. 이렇게 기적에 대한 반응이 다양한 것은 비단 오늘날만의 현상은 아니었다.

예수의 기적은 기본적으로 그의 하느님 나라 선포를 '능력'으로 생생하게 보여주고 입증하는 데에 목표가 있었다. 하느님의 나라, 곧 하느님이 다스리는 시대와 장소에서 맛볼 수 있는 기쁨과 감격, 놀라움과 행복이 무엇인지를 능력으로 보여주고, 바로 그러한 하느님 나라가 예수 안에서 시작되었음을 증언하는 데에 기적의 근본적인 목적이 있다. 예수의 기적은 크게 병자 치유 기적, 귀신을 내쫓는 축귀 기적, 물 위를 걸으시는 등의 '자연 기적'에 이르기까지 다양하다. 이 모든 기적 이야기(마르코 복음서 20여 개, 마태오 복음서 22여 개, 루가 복음서 20여 개)는 각각 예수가 시작하는 하느님 나라의 능력과 의미가 무엇인지를 구체적이고 생생하게 보여주는 역할을 담당한다. 또 예수의 권위와 정체(하느님의 아들 되심)를 증언하기도 한다. 그래서 예수는 "내가 아버지 안에 있고 아버지께서 내 안에 계심을 믿으라 그렇지 못하겠거든 행하는 그 일을 인하여 나를 믿으라"(요한 14:11)고 선언한다. 또 예수가 '오실 분'인지를 묻는 세례자 요한의 질문에도 예수는 그분이 행하는 기적을 답변으로 준다(마태 11:2~5, 루가 7:18~23).

기적이 객관적인 사실인지 아닌지를 두고는 논란이 일 수는 있지만, 적어도 예수를 만났던 사람들의 삶에 일어난 '기적'의 사건들이 있었다. 그것을 단순히 심리적 변화라 부르든 혹은 삶의 급작스러운 변경이라 부르든 상관없이 예수가 한 사람의 삶을 완전히 바꾸었다는 측면에서 그것은 기적적인 사건이 아닐 수 없었다.

사마리아 여인의 우물 속

예수가 유대 지역에서 갈릴리 땅으로 돌아가려 할 때, 그는 사마리아 지역을 거쳐서 가게 되었다. 자신의 경건을 뽐내려는 유대인이 있다면, 그는 유대와 갈릴리를 오갈 때 멀더라도 사마리아를 우회했다고 자랑했을 것이다. 유대인들과 사마리아인들은 같은 하느님을 섬기고, 유사한 경전(비록 일부 차이가 있더라도)을 가지고 있었지만 서로를 경멸했다. 예루살렘과 그리심 산 중 어느 곳이 더 적합한 예배 장소인지를 두고, 또 인종적 혼혈 여부를 두고 증오의 격론을 벌인 결과였다. 외국인이 볼 때 그들은 같은 종교, 같은 인종이었지만 서로는 절대로 서로를 수용하지 못하였다. 종종 우리는 자신과 닮은 사람을 경멸하곤 한다. 유대인들과 사마리아인들이 바로 그런 경우였다. 이런 사정인데도 예수 일행은 유대에서 갈릴리로 가는 경로로 사마리아를 통과하는 길을 택했다.

사마리아를 지나던 정오 즈음 예수 일행은 수가라는 사마리아의 도시에 도착했다. 그곳은 야곱의 우물이 있던 곳으로, 단순히 유명한 곳이 아니었다. 그곳은 사마리아 사람들의 성지聖地였다. 다른 이름 '이스라엘'이 보여주듯 야곱은 이스라엘의 상징적 인물인데, 그가 파놓은 우물이 있었던 곳이니 자연스레 사람들에게 특별한 대우를 받을 만하였다. 야곱에게서 후손 이스라엘이 나왔듯, 우물에서는 물이 나와 그의 후손들의 갈증을 해결하였다.

정오 즈음 수가에 도착했다면 예수 일행은 아침 일찍 유대 땅을 떠났을 텐데, 팔레스타인의 한낮 더위에 쉬지 않고 걸었다면 그곳에 이를 즈음 피곤해지지 않을 수 없었을 것이다. 일행은 그곳에서 잠시 쉬기로 하고 제자들은 먹을거리를 사러 도시로 들어갔다. 그때 한 여인이 물을 길으러 우물로 나왔다. 해가 뜨거울 때 홀로 물을 길으러 나왔다는 것은 그 여인이 사람들과 마주치기 싫어했음을 보여준다. 아니, 사람들이 그와 어울리기 싫어했다는 표현이 더 적합할지 모른다. 요한 복음서 4장 18절에 암시된 대로 여인의 삶 때문이었다.

> 예수께서 그 여자에게 말씀하셨다. "가서, 네 남편을 불러오너라." 그 여자가 대답하였다. "나에게는 남편이 없습니다." 예수께서 여자에게 말씀하셨다. "남편이 없다고 한 말이 옳다. 너에게는, 남편이 다섯이나 있었고, 지금 같이 살고 있는 남자도 네 남편이 아니니, 바로 말하였다." (요한 4:16~18)

여인에게는 다섯 명의 남자가 있었고, 지금 같이 살고 있는 남자도 있다. 그러나 그 남자 역시 여인의 남편은 아니었다. 사마리아인들은 유대인과 마찬가지로 혼인과 성에 관해 엄격한 규범을 가지고 있었고, 이 여인은 이웃 사람들에게 '정상적인 여인'이 아니었다. 음탕하다고 손가락질받았을 이 여인에게 예수는 말을 건다. 우물에서 남자가 여인에게 말을 건다는 것은 통상 '수작'이다. 우물에서 아내를 만났던 야곱의 이야기(창세 29:10)를 떠올리면, 우물에서 여인에게 '물을 달라'고 청한 남자의 이야기는 흔한 사랑 이야기로 번지기 쉽다. 여인은 자신이 사람들이 짐작하는 것과 달리 헤픈 여인이 아님을 애써 예수에게 보여주려 한다. 여인은 통념에 근거해 대꾸한다. "'유대인'(인종 및 종교) '남자'(성별)와 '사마리아인' '여자'는 서로 상종하지 않아요." 그러나 예수는 자신이 누구인지 알았다면 자신에게 생수를 청했으리라고 재차 상종을 시도한다. 하지만 여인은, 우물을 앞에 두고 물을 길어 자기 목도 축이지 못하는 남자의 허세라고 판단하고는 남자의 이상한 농에 농으로 되받아친다. 그때 예수가 들이민 비수匕首가 "가서, 네 남편을 불러오너라"였다. 당시 부인은 남편을 '나의 주인'(바알)이라고 불렀는데, 예수의 이 질문은 이리저리 자기 자신과 대면하기를 피하던 여인에게 '네 삶의 주인이 누구인가'를 묻는 듯이 들렸을 것이다.

남편을 불러오라는 요청을 무례하다고 판단해서 욕을 해 주고 돌아서면 그뿐이다. 아니면 한낮에 정신 나간 남자를 만나서, 그렇지 않아도 처량한 신세에 또 조그만 불운이 겹쳤다고 한탄하고 발길을 돌이키면 된다. 그러나 이 여인은 얘기를 중단하기보다는 자신의 처지를 털어놓는다. "나는 남편이 없어요." 지난 다섯 명의 남자도 지금의 그 남자도 '내 남편'은 아니다. 실상 이 여인은 깊은 속내를 함께 나눌 '주인'이 없이 텅 빈 자신을 하루하루 달래고 살았다. 자기 사정을 알아맞히는 예수에게 여인이 던진 질문은 사마리아인과 유대인 사이의 오랜 논쟁 항목인 예배 장소, 곧 예루살렘과 그리심 산 중 적절한 예배 장소에 관한 것이다.

남편 얘기에서 불쑥 예배 장소로 화제가 옮겨간 건 어찌 보면 생뚱맞다. 그러나 여인의 질문은 그가 하느님을 만나고 싶어 한 게 아닌가 하는 생각이 들게 한다. 사람, 특히 '내게 기대라'는 남자는 이미 적지 않게 만나 보았지만, 그들에게 기댈 수 없다는 건 경험상 분명했다. 그 여인이 기댈 곳은 하느님이었다. 그 여인은 자기 삶을 함께 나눌 그의 '주인'을 찾고 싶었다. 예수는 그에게 "지금이 바로" 아버지께 예배를 드릴 때라고 선언한다. 그가 그리스도이고, 그가 바로 여인의 앞에 있다. 예수는 이렇게 선언한다. "내가 그다."

여인은 물동이를 "버려두고" 도시로 들어간다. 아마 달렸을 것이다. 그리고 마주치기조차 싫었던 사람들에게 자신의 과거, 수치스럽고 부끄럽지만 누구나 알고 있는 그 '과거'를 자기 입으로 들춰내며, 그것을 맞힌 사람이 있다면서 말한다. "그분이 그리스도가 아닐까요?" 그 말을 이렇게 바꿔볼 수도 있다. "그분이 바로 우리가 깊은 속내를 함께 나눌 분은 아닐까요?"

물동이를 '버려둔' 행위는 그물을 '버려두고'(마르 1:18, 20) 예수를 따랐던 제자들의 모습을 연상하게 한다. 그리스어 단어도 같다. 평소에 눈길도 서로 마주치지 않으려던 여인이 자신의 수치를 알아맞힌 사람이 있다며 높은 어조로 토하는 그 '증언'에 사마리아의 많은 이가 예수에게 나아왔고, 그를 믿게 되었다. 마치 세례자 요한의 '증언'(요한 1:7, 8, 15, 32, 34)이 사람들을 예수에게 이끌었듯 말이다. 이를 표현하는 그리스어 역시 같다. 또한, 사마리아 사람들은 예수에게 자기들과 함께 '머무시기를' 청했고 예수는 그곳에서 이틀을 '머물렀다'. 제자들이 예수와 함께 '머물' 듯이 말이다(요한 1:39). 이 역시 같은 그리스어 단어다. 이후 예수의 말에 더 많은 사마리아 사람이 믿게 되었다.

예수를 믿게 된 사마리아 사람들은 여인에게 예수를 믿는 것은 이제 "당신 말 때문만은 아니라"고 말했다. 자신들이 "그 말씀을 직접 들어보고, 이분이 참으로 세상의 구주이심을 알았다"고 한다. 여인은 그들에게 아무런 대응도 하지 않는다. 그래도 자신이 예수를 먼저 소개하고 증언하지 않았느냐고, 심지어 자신의 과거를 들추어내는 그런 용기와 희생이 있었노라고도 대꾸하지 않는다. 그저 예수를 증언하고 그로부터 얻은 결실이 있으면 여인은 더는 무대 위에 설 생각을 하지 않을 것을 결심한 듯이 말이다. 그래서 그 여인은 우리가 기억할 만한 모범적 전도자가 되었다. 이러한 태도는 예수의 말, "밀알 하나가 땅에 떨어져서 죽지 않으면 한 알 그대로 있고, 죽으면 열매를 많이 맺는다"(요한 12:24)가 떠오르게 한다.

그런데 어떻게 이 여인이 이렇게도 바뀌었을까? 독일의 가톨릭 사제이자 화가 지거 쾨더Sieger Köder(1925~2015) 역시 그것이 궁금했나 보다. 여인이 우물에서 만난 '그'는 여인의 삶에 무슨 일을 일으

그림 19 지거 쾨더, 《우물가의 사마리아 여인》.

지거 쾨더는 독일 로마 가톨릭 사제이자 미술가였다. 쾨더는 20세기 독일 그리스도교 미술가 중에서 가장 유명한 인물이었고, 미술로 설교하는 예술가로 널리 인정받았다. 그림의 감동적이고 통찰력 있는 성서 해석과 따뜻한 화풍이 어우러져 작품을 보는 관람자들에게 감동을 준다.

킨 것일까. 쾨더는 예수가 여인의 삶에 일으킨 기적을 설명하기 위해 '우물 속'을 그린다. 사마리아 여인은 우물을 내려다보며 그 우물 속 깊은 곳에 자신과 함께 예수의 얼굴이 있음을 본다. '우물'은 자기의 깊은 내면을 암시한다. 원래 그곳에는 주인을 잃은, 수치와 고소苦笑의 자신만이, 그래서 마주하기 싫고 외면하고 싶은 외롭고 보잘것없는 자기 자신만이, 닳아버린 자기 연민과 부질없는 체념의 얼굴만이 반사되고 있었을 것이다. 그런데 쾨더는 사마리아 여인이 예수를 만나고 난 후 변화된 여인의 내면을 그려준다. 여인은 내면 깊은 곳, 외로움과 고독의 공간에서 예수 그리스도의 얼굴을 발견했다. 그곳은 더는 어둡고 음침하고 축축한 곳이 아니다. 여인은 자신의 내면에 있는 그 예수를 사람들에게 전한다. 이제 모든 보상은 충분히 다 받은 셈이다. 사람들 앞에 생색을 내는 것도 어깨를 으쓱거리는 것도 부질없이 되었다. 이것은 여인에게 기적이었다.

내가 아는 한 가지

태어나서 얼마 후부터 축복받지 못한 아이로 불렸을 법한 사람이 있었다. 그를 낳은 부모는 자식의 장애가 자기들의 탓인 것 같아 고통과 탄식으로 살았을 것이다. 부모에게 볼 수 없게 태어난 아이는 하느님의 복이 아니라 자신들의 죄를 폭로하는 고발장 같은 존재였다. 그러나 자책을 하다가도 남들과 비교할 때 부모인 자신들이 그리 특별히 잘못한 게 없다는 데에 생각이 이르면, 아이의 영혼이 육에 주입되기 전 그 영혼이 하느님 앞에 죄를 지은 것은 아니었을까 하는 부질없는 추론을 하기도 했을 것이다. 다시 말해 아이의 선천적 장애는 부모인 '우리 잘못'이 아니라 '아이 영혼의 잘못'으로 불행한 운명의 기원을 돌리려 했을 듯도 하다. 여하튼 부모는 그를 성인이 될 때까지 길렀다. 그러나 그 부모는 당시 절대다수의 사람처럼 빈곤하였다. 시각장애자 아들을 거리로 내보내 구걸을 하게 할 수밖에 없었으니, 부모가 놓인 처지를 어렵지 않게 짐작할 수 있다. 부모지만 아들을 위해 무엇을 할 수 있었겠는가. 못 배운 부모였고, 따라서 가진 것도 없는 부모였다. 나아가 장애아를 낳은 '죄인'이었다.

'죄인의 아들' 혹은 '죄인'인 시각장애인 남자는 길가에 앉아서 구걸하며 하루를 보낸다. 살아 있는 목숨이니 쉽게 끊지는 못하지만, 살아도 산 것이 아니었으리라. 그가 세상에서 받을 수 있는 관심이라고는 그의 선천적 장애가 부모의 죄인가 아니면 그 자신의 죄인가를 두고 벌어지는 토론에서였다. 결론이 어떻게 나든 그에게 실질적인 도움이 될 리 없고, 그의 비참함이 덜해질 리 없다. 그는 삶의 주체가 아니라 누군가 벌이는 격론의 대상이었다. 그렇게 그는 토론거리로 살았다. 구걸하면서 말이다.

예수와 길을 가던 제자들이 그를 보았을 때 제자들은 오래되었지만 정답에 이르지 못한 질문을 예수에게 던진다. "선천적 장애는 누구의 죄인가요?" 예수에게 주어진 선택은 부모의 죄 아니면 그 자신의 죄 둘 중 하나였지만, 예수는 두 선택지 가운데 답이 있다고 보지 않는다. 예수는 "하느님의 일이 그 안에서 밝히 드러나야 하기 때문"이라고 답변한다. 예수는 일단, 고통을 죄의 결과로 규정하여 고통받는 이들을 종교적으로도 정죄하는 연결고리를 끊으려 한다. 그리고 선천성 시각장애의 고통을 죄가 아니라 하느님의 일 곧 그의 영광 및 능력과 결부한다. 그리고 고통이 있는 곳에 하느님의 일을 해야 할 사람들이 바로 "우리"(요한 9:4)라고 제자들에게 가르친다. 예수는 땅에 침을 뱉고 진흙을 이겨 시각장애인의 눈에 붙이고 "실로암 못에 가서 씻으라"고 한다. 그러자 선천적 장애가 치유되었다.

시각장애인이었을 때 그를 둘러싸고 일어난 흥미 반 궁금증 반이 섞인 토론은 그의 고통이 누구의 죄냐는 것이었다. 이제 그가 눈을 떴으니 그를 둘러싸고 논란을 벌인 이들은 그의 치유가 죄에서 벗어난 일이라고 축하해야 마땅하리라. 그러나 이번에는 그가 시각장애인이었던 그 사람이 맞느냐를 두고 논란이 일어났고, 나아가 그의 치유와 치유자를 둘러싸고 시비가 벌어졌다. 특히 치유된 사람의 치료 과정을 두고 바리사이인들은 치료받은 사람 당사자의 말을 믿지 않았다. 바리사이인들은 그의 부모를 불러서 그 과정을 추궁한다. 그러나 예수를 그리스도로 믿는 이들을 출교하기로 결정한 일부 유대인들의 서슬 퍼런 눈앞에서 부모는 아들 보호하기를 꺼린다. 단지 아들이 시각장애인으로 태어났고, 이제는 보게 되었다고 말하면서 나머지 과정은 장성한 아들에게 물어보라고 예수와 관련된 진실, 그리고 그 진실에 대한 고백을 아들에게 떠넘긴다. 이로써 부모는 진실이 가져다주는 위험을 고스란히 아들의 몫이 되게 한다.

상황이 이러하니 우리는 그 시각장애인의 처지를 생각해보지 않을 수 없다. 앞을 보지 못하는 가운데 태어나, 다른 이들의 이야깃거리로 살면서 길가에 홀로 내앉은 그, 이제 눈을 떴지만 여전히 다른 이들의 시빗거리로, 또다시 겁먹은 부모에 의해 눈을 부릅뜬 사람들 앞에, 곧 '길가에 홀로 내앉게' 되었다.

사람들은 눈을 뜬 사람에게 세 번째로 묻는다. 첫 번째 물음, 이웃 사람들과 그가 걸인인 것을 보았던 사람들의 물음은 놀라움과 궁금증에서 일어난 물음이었다(요한 9:8~12). 두 번째 물음, 그리고 바리사이인들의 물음은 안식일을 어기는 예수와 그의 기적에 시비를 걸고자 하는 물음이었다(요한 9:14~23). 그리고 마지막 물음, 곧 바리사이인들의 두 번째 물음은 예수를 '죄인'으로 규정하지 않으면 가만두지 않겠다는 협박성 질문이다. 그들은 이렇게 묻는다. "너는 하느님께 영광을 돌려라. 우리는 이 사람(예수)이 죄인인 줄 안다." 이 협박에 답변해야 하는 사람은 이제 눈을 막 뜬 사람이었고, 평생을 구걸하던 이였고, 자기 혹은 자기 부모가 죄를 지어 선천적 장애를 가졌다고 규정되던 이였다. 더군다나 죄인이니 의인이니 하는 것은 길가에 앉아 남의 선의에 생계를 구하던 이가 답변할 수 있는 주제도 아니었다. 그러나 눈을 뜬 그는 답해야만 했다. 무엇이라 답할까? 그는 바리사이인들이 물어오는 복잡한 신학적 논의에 답하는 대신 "내가 아는 한 가지"를 천명하려 한다. 그것은 "내가 눈이 멀었다가, 지금은 보게 되었다는 것"(요한 9:25)이다. 그는 자신이 아는 이 명백한 사실 하나만큼은 절대로 양보하려 하지

그림 20 윌리엄 제임스 웹, 《심판을 받는 시각장애인》, 성서 삽화.

윌리엄 제임스 웹William James Webb은 알려지지 않은 화가로 전원 풍경이나 종교적이고 알레고리를 사용한 주제의 작품을 그린 화가다. 런던에 주로 살면서 중동을 비롯한 여러 곳을 여행하였다. 성서 이야기를 주제로 삽화를 그려 책에 싣기도 했다.

않는다. 바리사이인들은 이내 그에게 욕설을 퍼붓고(요한 9:28), 이미 눈을 뜬 사람에게 "네가 완전히 죄 가운데서 태어났는데도, 우리를 가르치려고 하느냐?"(요한 9:34)면서 그를 바깥으로 내쫓았다. 눈을 뜬 그 사람을 여전히 죄 가운데 있다면서.

대다수 작품이 예수가 실로암 근처에서 시각장애를 고치는 장면을 그리는 데 반해, 윌리엄 제임스 웹(1830~1904?)은 시각장애인이었던 사람이 유대인 지도자들 앞에서 증언하고 있는 모습을 그렸다. 웹이 실로암의 기적을 가벼이 여긴 것은 아니었다. 그는 화면 왼쪽 하단에 시각장애인이었던 사람이 실로암에서 눈을 씻고 있는 장면을 그려 넣었다. 그런데 이 장면은 시각장애인이 유대인 지도자들 앞에서 증언하는 내용인 듯 보이게 처리되어 있다. 그는 자신에게 일어난 진실을 도저히 부정할 수 없었고, 이를 당당히 선언한다. 그의 모습은 화면 맨 오른쪽에 있는, 시각장애인의 부모로 보이는 노인 둘이 손가락으로 그를 가리키며 증언의 책임을 넘긴 채 위험한 자리에서 도망치려 하는 모습과 대비된다. 그 증언을 듣고 있는 사람들은 '온전히 죄 가운데서 태어난' 사람이 전혀 기죽지 않고 있다는 데에도 화가 난 모양이다. 심판대에 맨 앞에 앉은 사람들이 손에 율법 두루마리를 들고 그의 증언을 저울질하고 있는 동안에, 심판대에 있는 한 사람은 제분에 못 이겨 자리에서 벌떡 일어나 손가락질을 해대며 소리를 지른다. 그러는 동안 화면 가운데 뒤편에 앉은 사람은 이 일을 어떻게 처리할지를 논의하고 있다. '내가 아는 한 가지'를 주저 없이 선언할 수 있었던 시각장애인은 육의 눈만을 뜬 게 아니었다. 그 사람은 자기에게 일어났던 은혜와 기적의 사건, 곧 부정하려 해도 부정할 수 없는 한 가지를 협박과 위협 때문에 내던지면 안 된다는 삶의 진실에도 눈 뜬 사람이었다.

우리는 우리를 우리 되게 한 은혜와 기적의 '사건'을 갖고 있다. 눈을 뜬 사람처럼 그 사건은 '내가 아는 한 가지'다. 그것을 우리 삶에 씨처럼 품어 꽃 피우기까지 우리는 그것을 놓치지 않아야 한다. 이것이 또한 기적이 아니라면 무엇일까? 육의 눈을 뜨고, 또 삶의 진실에도 눈을 뜬 기적 이야기라 할 만하다.

인간의 내면에 일어나는 기적이 있다. 자신의 가장 깊은 곳에서 예수 그리스도를 발견하고, 그를 통해 일어난 변화를 경험하여 마침내 자신을 에워싼 세상을 향해 용기로 나아가게 하는 그러한 기적. 자신의 우물 안에서 예수 그리스도를 발견한 여성과 실로암 못에서 삶의 장애를 씻어낸 남성은 생명수를 속 시원히 들이켰을 것이다. 우리도 오늘 그 생명수를 들이킬 수 있다.

기억의 윤리

사람이 자신을 자신으로 인식하려면 기억이 있어야 한다. 기억은 한 사람의 정체성을 만드는 힘이며 생존하기 위한 자원이다. 집단의 기억도 있다. 집단은 사건을 공유하며 기억할 때 탄생한다. 기억을 공유하면서 집단은 '우리'가 된다. 구약성서가 애써 유지하고 싶어 하는 '이스라엘'은 혈통의 공동체가 아니다. 이스라엘은 하느님과의 언약을 통해 탄생한 사람들을 일컫는 말인데, 언약 공동체로서 이스라엘은 하느님이 자신의 선조들에게 했던 언약을 기억하고 그것을 자신의 후손들에게 전해내려 주면서 세대마다 이스라엘이 되어 간다. 이는 신약의 경우도 마찬가지다. 예수의 삶과 가르침, 그리고 죽음과 부활에 대한 기억을 공유할 때 '교회'가 생겨난다. 그 기억을 동시대인들에게, 또 후대에 전해주면서 교회는 집단으로서의 삶을 연장한다.

아우구스티누스는 플라톤에 근거하여 부분적으로나마 타락 전 순수를 기억할 수 있다고 주장했다. 그러한 기억이 있다면 인류는 정말 행복할 수 있었을 것이다. 에덴을 기억할 수 있다면, 그리고 그 기억이 인류로 하여금 에덴을 열망하게 한다면 세상은 지금보다 훨씬 더 아름다울 수 있었을지 모른다. 그러나 우리 주변의 현실은 에덴을 기억하는 사람이 거의 없어 보인다. 예수가 선포한 하느님 나라를 제대로 열망할 수 없는 까닭도 낙원에 대한 기억이 없기 때문이 아닐까. 생명 나무를 향한 인간의 욕심을 막으려는 에덴을 둘러싼 불 칼은 인류가 가진 에덴의 기억마저 잘라버린 듯하다.

기억에도 윤리가 있다. 기억의 윤리는 기억해야 할 것은 기억하고 기억하지 말아야 할 것은 잊어주는 것이다. 신앙인이라면 신앙인이 행해야 할 기억의 윤리가 있기 마련이다. 기억의 윤리가 올바로 수행될 때 우리는 신앙인이 된다.

호세아의 가족 기억하기

기원전 750~722년 사이 북이스라엘은 지극한 혼란을 겪었다. 북이스라엘의 왕이었던 여로보암 2세 통치하에(기원전 787~747년) 잠시 부분적인 번영을 누렸을 뿐이다. 이후 약 25년은 암흑기라 할 만했다. 외부적으로 아시리아 제국이 이집트를 향해 확장했고, 북이스라엘은 아시리아와 이집트 제국 사이에 외교를 시도하면서 위협에서 벗어나고자 했다. 아람과 동맹을 맺고 외교 군사적인 해결을 시도했으나, 결국 기원전 722년 이스라엘의 수도 사마리아는 아시리아에게 파괴되고 말았다.

외부 상황이 위급하면 나라가 단결할 법도 하지만 북이스라엘의 내부 사정은 더욱 혼란했다. 북이스라엘의 왕정은 암살, 왕위 찬탈 등의 내분에 시달려야 했다. 이스라엘의 마지막 여섯 왕 가운데 다섯은 암살을 당할 정도였다. 특히 지도층의 타락과 죄악은 북이스라엘을 몰락의 길로 이끌었다. 사회적 약자들은 착취당했고, 하느님의 정의와 공평과 사랑에 대한 호소는 더 이상 이스라엘 사람들을 움직이지 못했다. 백성 역시 하느님에게 돌아가기보다 지도층의 욕심과 어리석음을 반복했다. 북이스라엘 전체에서 가나안의 풍요의 신인 바알과 아세라를 섬기는 일이 많았는데, 나중에는 야훼 하느님을 믿는 신앙과 바알 및 아세라 종교가 혼합되어 무엇이 진정한 하느님 예배인지도 헷갈릴 지경이 되었다. 참 하느님이 어떤 분인지 불분명하게 된 것이다. 이때 "하느님께서 구원하신다"라는 뜻의 이름을 가진 호세아는 야훼 하느님의 예언자로 세움을 받았다.

예언자를 앞날에 일어날 일을 미리 말하는 사람으로 오해하기도 하지만, 성서적 의미에서 예언자는 하느님의 말씀을 맡아 대언代言하는 사람을 가리킨다. 그런데 예언자로 부름을 받은 호세아에게 하느님은 이러저러한 것을 예언하라고 하는 대신 "음란한 여자를 맞이하여 음란한 자식들을 낳으라"고 명령한다(호세 1:2). 호세아는 '말'이 아니라 '삶' 자체로 예언을 해야 했고, 그것은 호세아가

받아들이기에 너무나도 고통스러운 명령이었다.

애초에 성서가 말하는바, 하느님께서 세워주신 혼인은 순결하며 기쁨과 환호가 넘치는 것이었다. 하느님은 손수 아담과 하와를 주선했고, 혼인을 축복했으며, 거기에는 아담의 환호와 하와의 기쁨이 있었다. 그러나 호세아에게 내려진 하느님의 혼인 명령은 이와는 정반대로 경악을 자아내게 하는 것이었다. 나아가 호세아는 '음란한 아내'와의 사이에서 '음란한 자식'들을 낳아야 한다. 자식은 하느님이 허락한 부모의 기쁨이다. 하느님은 창세기에서 생육하고 번성하라고 복을 내리셨다. 그런데 호세아에게 하느님은 '음란한 자식들을 낳으라'고 명령한다. '음란한 자식'이 어디에 있는가. 아이들은 그저 태어나는 것이다. 부모들이 음란할 수는 있어도 아이들이 어떻게 '음란한' 채로 태어날 수 있단 말인가.

호세아는 하느님의 명령대로 한다. 그러나 우리는 그가 하느님의 명령을 아무런 문제의식 없이 그저 고분고분 따르는 기계라고 착각해서는 안 된다. 그도 한 번뿐인 이 지상 삶의 기쁨과 행복을 누려야 하는 사람이다. 그 역시 사랑스러운 아내와 자식과 함께 살 권리가 있다. 그러나 하느님은 예언자 호세아에게 그것을 허락하지 않았다. 맏아들의 이름을 '이스르엘'로 하라 하신다. 이스르엘은 배반과 잔혹한 싸움이 일어나던 땅이었는데, 하느님은 북이스라엘에 넘쳐나는 피 흘림과 심판을 경고하기 위해 아기의 이름을 그렇게 지으라 하였다. 다음에 태어난 딸에게는 '로루하마'라는 이름을 붙이라 하였다. 이것은 '사랑받지 못한 사람'을 뜻한다. 자기 앞에 있는 딸을 두고, '사랑하지 않는 딸'이라고 이름을 불러야 하는 호세아의 심정을 헤아려보자. 나아가 마지막 아들은 '로암미'가 된다. 그것은 '내 백성이 아니다'를 뜻한다. '내 아들이 아니라'라는 것이다. 내 아들을 두고 내 아들이 아니라고 불러야 했다. 태어난 자식의 입장에서 생각해보자. 이스르엘, 로루하마, 로암미는 왜 그런 이름으로 불려야 하는가. 그들은 그저 호세아의 자식으로 '태어난 죄' 밖에 없는 것 아닌가. 그들은 아버지와 하느님에게 항의할 만하지 않은가.

잘 알려진 대로, 호세아는 하느님이 이런 왜곡된 혼인과 자식 이름에 대한 명령을 통해 하느님과 이스라엘 사이의 관계가 근본적으로 틀어졌음을 깨우치려 했다고 믿었다. 애당초 하느님과 이스라엘 사이는 기쁨과 환희, 곧 사랑의 관계였다. 그러나 이제 그 관계가 이스라엘의 배반으로 하느님의 탄식과 눈물을 불러오는 것이 되고 말았다. 우리는 하느님, 북이스라엘, 그리고 호세아의 이야기를 들으며 깊은 비감悲感을 느끼지 않을 수 없다. 배반당한 하느님의 사랑과 그 속 깊은 생채기, 북이스라엘의 죄악, 하느님의 심정을 자기 가족을 통해 보여주어야 하는 호세아 예언자의 인생... 하느님은 어찌도 이리 인간에 대한 사랑을 끊지 못하시며, 인간은 왜 그토록 사랑의 하느님을 철저하게 배반하는 것이며, 왜 예언자는 그의 복된 삶을 처절히 찢어가며 하느님의 메시지를 전해야 하는가. 그러나 비감만으로는 충분치 않다. 우리는 희생된 호세아의 가족을 '구해야 한다'.

취리히 성서의 삽화로 그려진 작자 미상의 그림(그림 21)은 호세아 중심적인 이전 작품들과 구분된다. 이전의 그림들은 호세아의

그림 21 취리히 성서 삽화(작자 미상)

사랑을 부각하여 그렸다. 여느 작품들에서 호세아는 비참한 모습을 한 고멜을 되찾아 오고, 고멜은 호세아의 사랑에 감격하면서도 동시에 죄스러운 표정을 하고 있다. 그런데 이 작품은 호세아, 그리고 그 반대편에 있는 고멜과 세 자녀를 동시에 균형 있게 그린다. 호세아는 나머지 가족들에게 손을 내밀고는 무엇인가를 말하려 한다. 첫째 이스르엘로 보이는 아이는 어머니 고멜 뒤에 서 있고, 고멜은 로루하마는 오른팔로 감싸고 로암미는 안고 있다. 고멜의 이 자세는 호세아로부터 아이들을 보호하려는 자세로 보인다. 기존의 읽기와 다른 해석이 이 그림에 배어 있다. 이 그림은 이제까지 호세아 편에서 '사랑'을 외치던 데에서 잠시 이탈하여 고멜의 처지에서 이 사건을 생각해 볼 것을 촉구하는 것 같다.

호세아서에는 고멜이 음란한 여인이라는 소개가 나오지는 않는다. 야훼의 명령은 "너는 가서 음란한 여인과 결혼하여, 음란한 자식들을 낳아라! 이 나라가 주를 버리고 떠나서, 음란하게 살고 있기 때문이다"(호세 1:2)였다. 야훼 하느님의 명령에 호세아가 디블라임의 딸 고멜과 혼인을 했지만, 그 아이들이 '음란한' 아이들이 아니듯 고멜이 음란한지 아닌지는 호세아서에 나와 있지 않다. 당시 가족의 명예와 여성의 '정절'을 중요시하는 사회에서 만약 고멜이 혼인하지 않은 여인으로서 음란했다면 디블라임을 비롯한 디블라임의 오빠들에게 명예살인을 당하지 않았을까(신명 22:13~30)? 고멜의 품행에 관해서는 확실히 말할 수 없다고 해도 고멜이 낳은 아이들이 호세아와 다른 남자와의 사이에서 나온 아이들이라는 언급은 전혀 없다. 통념적으로 고멜이 음란한 여인이고, 로암미가 '내 아들이 아니다'라는 뜻에 근거해서 로암미가 호세아의 자식이 아닌 양 간주하는 사람들이 있지만, 로암미가 고멜이 다른 남자와의 관계에서 태어났다는 본문 증거는 없다. 호세아가 이른바 하느님의 명령을 행위로 수행하는 이른바 '예언자적 행위'를 하고 있다면 고멜에게는 '음란한' 여인의 역할이, 자식들에게는 '음란한' 자식의 역할이 주어진 것이라고 추정할 수 있다. 다시 말해 실제로 고멜과 그 자식들이 음란한 성품의 사람이 아니라 그러한 역할을 담당하게 된 것이다. 생각이 여기까지 이르면, 나 스스로 성서학자로서 확실한 본문과 역사적 증거 없이 함부로 추론하는 것을 극히 경계하도록 훈련받았지만, 호세아는 자신의 부인과 자식들에게 음란한 사람으로서, 곧 추한 역할을 담당하도록 '강요한' 셈이 된다. 오늘날의 예술 개념으로 퍼포먼스Performance라고 할 수 있다. 어머니인 고멜 입장에 잠시라도 서 보자. 아버지라는 사람이 아이 셋의 이름을 그렇게 지어놓고, 아마도 사람들이 많이 모이는 시장 한복판에서 아이들의 이름을 외쳤을 것이다. 이스르엘, 로루하마, 로암미! 이렇게 외치면 그 순진한 아이들이 아빠가 부른다고 아빠에게 달려갔을 것이다. 제 자식을 두고 제 자식이 아니라고 이름 짓고, 제 자식을 사랑하지 않는다고 하고, 제 자식을 피에 젖은 심판을 뜻하는 이름으로 지어놓는 남편에게서 어머니 고멜은 아이들을 보호해야 하지 않겠는가.

우리는 하느님의 심정을 전하기 위해 '도구'가 되어 버린 호세아의 가족들 하나하나를 아프게 기억하여야 한다. 이스르엘이 자랑스럽게 클 때까지, 로암미가 '암미' 곧 '내 아들'이 될 때까지, 로루하마가 '루하마' 곧 '사랑받는 딸'(호세 1:10~2:1)로 불릴 때까지 우리는 하느님이 쓰시는 구원 드라마에서 비극적 조연을 담당했던 그들의 아픔을 기억해야 한다.

크리스마스와 거절된 위로

크리스마스가 되면 예수 그리스도를 제외하고도 여러 인물이 자신의 날인 양 주목을 받는다. 흔히 동방박사들도 있고, 들에서 양을 치던 목자들도 있다. 전자의 사람들이 금과 유향과 몰약을 들고 오는 등 무엇인가 위엄과 기품의 크리스마스와 어울린다면, 후자의 사람들은 가난과 고통 가운데서 다가오는 희망의 크리스마스 분위기에 적합하다. 그 외에도 우리는 크리스마스 즈음하여 시므온을 떠올릴 수도 있다. 그는 경건한 사람으로 "그리스도를 보기 전에는 죽지 않으리라"는 성령의 지시를 받은 사람이었다. 세상의 희망을 보고 나서야 죽음을 맞이할 수 있는 묘한 운명의 예언자는 예수를 직접 팔로 안아 하느님께 찬양을 드렸다(루가 2:25~32). 그 찬양의 자리에 또 다른 경건한 예언자 안나도 있었다. 그 역시 여성으로 예언자로 살면서 그리스도를 보기 전에 금식과 기도로 하느님을 섬겼고, 그의 금식과 기도는 예수 그리스도를 통해 응답을 받았다(루가 2:36~38). 그런데 크리스마스가 돌아올 때마다 잊혀진 이들이 있고, 그들과 관련된 울음이 있다. 그 울음을 기억하지 않는다면 크리스마스를 제대로 지낼 수 없는데도 말이다.

이야기의 시작은 헤롯 대왕으로부터다. 헤롯은 로마로부터 '유대인의 왕'이라는 칭호를 받아 효과적으로 팔레스타인의 반란을 잠재우고 긴 세월 통치를 했다. 그러나 그는 유대 땅 서남부의 이두매 출신으로 혈통을 중요하게 여기는 유대인들이 보기에는 '반쪽짜리 유대인'이었다. 이것은 그에게 평생 콤플렉스를 안겨다 주었다. 그는 완전한 유대인으로 보이기 위해 예루살렘 신전을 대규모로 건축하는 등 유대인들의 환심을 사려 하는 동시에, 무자비한 폭력 진압을 병행했다. 달콤한 당근과 무시무시한 채찍이 동반될 때 통치의 효과가 커진다는 것을 헤롯은 잘 알고 있었다. 그는 권력과 관련해서는 아무도 믿지 않았는데, 심지어 그의 아들들이라도 반역을 꾸민다는 판단이 들면 서슴없이 공식적으로, 또 비공식적으로 죽여버렸다. 그런 그에게 동방박사들이 와서 "유대인의 왕으로 태어난 사람이 어디에 있습니까?"라고 물었으니 헤롯 대왕이 이 말을 듣고 크게 '당황'한 것은 물론이고, 그와 함께 예루살렘 사람들도 '당황'하게 되었다(마태 2:3). 유대인의 왕 헤롯이 버젓이 살아 있는데, 다른 유대인의 왕이 태어나 현재 헤롯 대왕의 통치 지역에 있으니 헤롯 대왕이 무엇을 할지는 불을 보듯 뻔하다.

동방박사들은 자신의 지식과 유대인 대제사장들, 율법 교사, 그리고 별의 인도를 받아 드디어 탄생한 예수를 만난다. 그러나 헤롯 왕의 기대와는 달리 그들은 왕에게 돌아가지 않는다. 그들의 꿈에 헤롯에게 돌아가지 말라는 지시를 받았기 때문이다. 그들은 올 때와는 다른 길을 택하여 자기 나라로 돌아갔다. 꿈은 또다시 태어난 아기 예수를 보호한다. 주님의 천사가 꿈을 통해 요셉에게 나타나서 이집트로 피신하라고 알려준다. 요셉은 지체없이 일어나 아기와 아내를 데리고 이집트로 피신하여 헤롯이 죽을 때까지 거기서 살았다. 그러나 문제는 그렇게 해서 끝난 게 아니었다.

'유대인의 왕'을 찾아 경배하고, 이후 돌아와 자기에게 그가 누구인지, 어디에 있는지를 알려달라고 당부한 동방박사들에게 소식이 없자 헤롯은 더는 기다리는 것이 의미가 없다고 판단했다. 헤롯은 사람을 보내어 베들레헴과 그 가까운 온 지역에 사는 두 살짜리로부터 그 아래의 사내아이를 모조리 죽여버렸다. '그림의 신'이라고 불렸던 루벤스Peter Paul Rubens(1577~1640)는 이 장면을 생생하게 그렸다(그림 22).

그림에 등장하는 인물 모두 루벤스 특유의 균형 잡힌 몸을 가진

그림 22 루벤스, 《무죄한 아이의 학살》, 1611~1612년, 142×182cm, 패널에 유화, 온타리오 미술 갤러리.

인물들이다. 그 자체로는 아름다운 인간의 몸을 보여준다고 할 수 있으나 장면을 세세히 살피면 당시의 참극이 고스란히 느껴진다. 화면 오른쪽에는 아이를 빼앗긴 어머니가 두 팔을 내밀어 절규하지만, 아기를 높이 들어 낮은 돌기둥에 패대기치려는 남자에게는 어떤 자비도 없어 보인다. 이미 돌기둥에는 어린 것들의 피가 묻어 있고, 남자의 발 근처에는 죽은 아기의 시체가 널려 있다. 남자의 오른편에는 경악과 공포에 젖은 여인이 있다. 그 여인의 아래에는 이미 죽어 하얗게 된 아이를 끌어안은 여인이 머리카락을 쥐어뜯는다. 그 여인의 시간은 지극한 고통 가운데 정지되었을 것이고, 지옥의 칼이 가슴을 도려내고 있을 것이다. 화면 가운데 오른편의 남자는 아이를 감고 있는 흰 천을 잡아챈다. 아이의 어머니는 남자의 얼굴을 할퀴며 저항하지만 흰 천에 싸인 아기는 그 남자의 왼발에 밟힌 다른 아이의 운명을 벗어나지 못할 것이다. 흰 천을 감은 아이를 노리는 남자는 하나가 아니다. 화면 중앙 왼편의 남자는 긴 칼을 들고 아이를 찌르려 한다. 할머니로 보이는 여인은 온몸으로 아이를 보호하며 남자의 칼을 손으로 잡는다. 할머니의 손가락이 먼저 베이고 난 후, 그 떨어져 나간 손가락의 고통을 느끼기도 전에 아이의 몸에 칼이 들어갈 것이다. 투구를 쓴 남자는 무슨 공이라도 세우려는 듯 아기를 안고 도망가려는 여인들을 오른손과 왼손으로 한 명씩 잡고 있다. 죽은 아기들은 이미 곳곳에 쓰려져 있고, 화면 왼편 저 멀리에서도 도륙屠戮이 일어난다.

학살인데, 누가 봐도 무고한 아이들이 당한 학살이다. 우리는 복잡한 생각을 하게 된다. 구세주의 탄생이 어린 아기 학살을 가져오다니. 구원자가 죽음을, 그것도 무고한 아기들의 학살을 가져오다니 이것이 구원의 역사란 말인가. 구원자는 어디에 있는가. 구원자는 그곳에 없었다. 구원자 예수의 아버지 요셉은 꿈에 나타난 계시를 받아 이집트로 떠난 뒤였다.

이 학살은 구약에 기록된 이야기를 독자들에게 떠오르게 한다. 야곱 가족이 기근으로 이집트로 내려가서 살다가 노예가 되고, 마침내 당시 파라오가 반란의 시도를 잠재우고자 히브리인들의 아기를 학살했던 그 이야기. 그런데 베들레헴 아기들의 살해를 기록한 마태는 이집트 학살이 아니라 예레미야 31장 15절, 전쟁에서 패하여 고향에서 강제로 외국으로 끌려가던 유대인들을 향한 탄식이 담긴 구절을 인용한다.

> 울부짖으며, 크게 슬피 우는 소리다. 라헬이 자식들을 잃고 우는데, 자식들이 없어졌으므로, 위로를 받으려 하지 않았다. (마태 2:18)

학살이 일어나던 베들레헴은 성서에서 라헬의 무덤이 있던 곳으로 알려져 있다(창세 35:27, 1사무 17:12, 룻기 1:2, 미카 5:2 등. 현재 베들레헴에는 '라헬의 무덤'이 있어서 그곳을 방문하는 이들이 적지 않다). 마태오는 베들레헴 대학살 때 그곳의 어머니들이 우는 울음과 나라가 망해 자식들이 사라지는 것을 두고 통곡하는 라헬의 울음을 엮어 한恨의 역사를 만든다. 한과 고난을 만든 사건들이 날줄과 씨줄과 엮어 역사가 되었다. 그 역사에서 희생당한 '라헬'은 위로를 거절했다.

자식을 잃고 고통받는 어머니들에게 실상 할 수 있는 위로란 없다. 다른 자식을 낳는다 해도 그것이 잃은 자식에 대한 위로가 될 수 없다. 그런 의미에서 욥이 자식을 잃고 두 배의 달하는 자식을 얻었다 한들 욥의 가슴에 새겨진 고통이 가실 리 없다. 자식을 잃은 부모이 신정을 달랠 길이 없어 함부로 위로를 건네려는 사람도 없다. 그런데 바로 어떤 위로도 소용없는 현장이 구원자 예수의 탄생 이야기에 속해 있다.

구원자의 탄생, 그리고 이어지는 구원 역사가 결코 낭만적이지 않으리라는 것은 우리가 직감할 수 있으나 그것이 얼마나 큰 눈물과 질곡의 과정인지는 쉽게 체감할 수 없을 수 있다. 베들레헴 아기의 학살은 우리에게 도달한 구원 사건이 어떤 슬픔과 통곡을 배경으로 하는지를 알려준다. 그때 살해당한 아기들을 위해, 그 아기들을 잃은 어버이들을 향해 조심스레 구원의 역사에서 그들이 담당한 몫이 무엇인지를 생각하고, 그들을 기억하는 것이 우리가 성탄절을 기념하면서 해야 할 일이다. 16세기에 작곡된 코번트리 캐럴Coventry Carol은 경건하고 위엄 있는 기쁨의 캐럴과는 달리 베들레헴 아기 학살을 기억하는 캐럴이다. 우리나라에는 잘 알려지지 않은 그 곡의 가사는 이러하다.

잘 자라, 잘 자거라. 너, 작고 귀여운 아기
안녕, 안녕, 잘 자거라.
잘 자라, 잘 자거라. 너, 작고 귀여운 아기
안녕, 안녕, 잘 자거라.
오 자매여, 우리가 어떻게 해야 하지
이 날을 기억하려면
우리가 노래 부르는 이 가여운 어린 것들
안녕, 안녕, 잘 자거라.
헤롯, 그 왕이 분노해서 이 날을 만들었지.
힘센 그의 군사가 눈에 보이는 대로
이 어린 것들을 죽였어요.
아, 내게 저주여라, 너에게도, 가여운 아기여!
그리고 끝없는 통곡과 탄식
너는 더 이상 말하지도 노래하지도 않는구나.

안녕, 안녕, 잘 자거라, 내 아기야!

하느님의 구원 역사에 동참하려는 우리는 베들레헴 어머니들의 눈물과 죄 없이 죽은 아이들의 비명을 기억하지 않을 수 없다. 위로를 거절하는 라헬과 그 아기들을 기억하는 것이 신앙의 역사를 써 내려가는 우리의 일이다.

이 여인을 기억하는가?

예수는 십자가형을 받을 때가 다가온 것을 알고 마지막 저녁을 제자들과 함께 한다(마르 14:3~9). 그것은 자발적 희생으로 나아가는 길이었지만, 동시에 지배 권력자들의 음험한 음모가 진행된 결과이기도 하였다. 유대인 지도자들, 특별히 대제사장과 서기관들로 지목된(8:31, 10:33) 그들은 갈릴리에서는 물론, 예수가 예루살렘과 신전에서 벌인 언행을 그대로 놓아둘 수 없었다. 예수가 신전에서 환전상들을 내쫓고, 제기祭器를 들고 다니지 못하게 하며, 강도의 소굴이라고 비판한 것은 대제사장들의 권위 근거 지체를 부정한 언행이었다(11:15~19). 당시 법률 전문가들인 서기관들 역시 예수의 지혜와 권위 앞에 자신들의 무력함이 드러나는 것을 더는 참을 수 없었다. 예수가 그의 주 활동지인 갈릴리가 아니라 자신들의 활동 터전이었던 예루살렘에 올라와 있기에 예수를 해하기 좋은 때였다. 더군다나 그가 올라온 시기는 유월절과 무교절 축제 기간이었다. 두 절기 모두 이집트의 종살이에서 탈출한 히브리인들의 해방 기념 절기였다. 많은 유대인이 그 절기에 예루살렘으로 왔다. 수많은 사람과 억압하는 이민족으로부터 쟁취한 해방을 기념하는 절기의 흥분이 합쳐지면 언제라도 대규모 봉기가 일어날 수 있었다. 로마는 이를 경계했고, 유대인 지도자들은 예수를 죽이기 위해 로마의 경계심을 이용할 줄 알았다.

음모가 비밀리에 진행되는 동안 예수는 예루살렘에서 멀지 않은 곳 베다니에서 피부병으로 고생하던 환자 시몬의 집에서 사람들과 함께 밥상을 나눈다. 만찬이 무르익을 무렵, 한 여인이 매우 값진 순수한 나드 향유 한 옥합을 가지고 예수에게로 온다. 옥합은 긴 목에 손잡이가 없는 반투명의 병이었다. 그 병은 안에 든 액체를 붓도록 만들어지지 않는다. 사람들은 그 병을 깨뜨려 그 안에 있는 것이 나오도록 하였다. 나드는 식물의 뿌리로 만든 향기로운 기름으로 고가高價였다. 옥합과 나드 향유의 가치가 삼백 데나리온에 해당한다고 하니, 노동자의 1년 연봉에 가깝다. 잔치의 절정에 주빈主賓에게 기쁨과 존경과 환영을 뜻하는 의미로 머리에 향유를 붓는 관습이 있었다. 여인은 관습대로 병을 깨뜨려 예수에게 부었다. 그러나 몇 사람이 여인의 행위를 보고 화를 내었고, 이렇게 이 여인을 비난했다.

> 어찌하여 향유를 이렇게 허비하는가? 이 향유를 삼백 데나리온 이상에 팔아서, 그 돈을 가난한 사람들에게 줄 수 있었겠다!
>
> (마르 14:4~5)

제자들이 냈던 그 화는 예수를 향해 오던 어린아이들을 가로막고 제자들이 내던 '화'였고(10:14), 제자들끼리 서로 권력 다툼을 할 때 서로에게 냈던 그 '화'(10:41)였다. 다시 말해 예수의 속마음을 모르고 자기들의 어긋난 기준에 부합하지 않을 때 내던 감정이었다. 제자들은 여인의 행동을 바라보며 자선을 강조하는 거룩한 시편을 떠올렸는지 모른다. "가난하고 힘없는 사람을 돌보는 사람은 복이 있다. 재난이 닥칠 때에 주님께서 그를 구해 주신다."(시편 41:1) 그러면서 여인이 가난한 자를 먹이던 예수를 오해하고 있다고 여겼을지도 모르겠다. 그러나 예수는 일부 제자들의 '화'에 반대한다. 여인은 도리어 예수에게 '아름다운 일'을 했다는 것이다.

가난한 이들에게 복을 선언하고 하느님의 나라가 그들의 것이라고 외쳤던 예수가, 노동자 일 년치 품삯을 가난한 자들에 대한 자선보다 저녁 식사 자리에서 자신에게 쏟아붓는 행위가 아름답다고 주장하는 것은 그의 삶과 주장에 배치되는 듯이 보일 수 있다. 그러나 그러한 이해는 예수의 본뜻에 도달하지 못한 것이다. 예수는 가난한 자들에 대한 자선과 자신의 죽음에 대한 예비를 양자택일로 볼 필요가 없다고 말한다. 가난한 자들은 늘 함께 있다. 언제든지 하려고만 하면 그들을 도울 수 있다. 가난한 자들에 대한 도움은 능력의 문제가 아니라 의지의 문제다. 도리어 지금 시급하고 중요한 것은 예수에게 할 일이다. 로마 지배 체제의 폭력이 로마 총독 빌라도와 유대인 지도자들, 그리고 그들에게 선동된 군중을 통해, 갈릴리에서 예루살렘까지 하느님의 마음과 민중의 염원을 담아 한 길을 걸어오던 예수에게 덮친다. 예수는 죽임을 당하고

그림 23 디르크 부츠Dirk Bouts(1420~1475), 《바리사이인 시몬 집에 있는 그리스도》, 1445년, 40.5×61cm, 목판에 유화, 베를린 슈타아틀리케 미술관.

디르크 부츠는 초기 네덜란드 화가로 루뱅에서 주로 활동했으나 그의 생애에 관해서는 별로 알려진 것은 없다. 북 르네상스풍의 이 작품에서 여인은 다른 이들의 시선에는 아랑곳하지 않고 식탁 아래로 몸을 굽혀 예수의 발에 향유를 붓고 눈물을 흘리며 머리카락으로 그것을 닦는 데에만 집중한다. 예수는 이 여인의 행위를 '굽어본다'. 다른 사람들의 반응은 다양하다. 음식을 썰다 여인의 행동을 호기심 어리게 보는 사람, 여인의 행위를 거부하려는 손짓을 하는 사람, 손가락으로 여인의 행동을 가리키며 저것은 옳지 않다고 비난하는 사람, 맨 오른쪽 무릎을 꿇은 수도사는 손을 모으고 있다. 예수의 죽음을 기리려는 여인의 행동에 예를 표한 것인지 아니면 하느님에게 이 장면을 고발하려는 것인지는 불분명하다.

말 것이다. 그러니 이 죽음 혹은 죽임당함은 반드시 기억되어야 한다. 기억하고자 한다고 기억할 수 있는 게 아니다. 기억될 수 있어야 한다. 예수에게 나아온 이 여인은 할 수 있는 최대한의 '낭비'를 통해 예수의 죽음을 기억하려고 한다. 예수가 걸어간 길, 곧 복음이 이곳저곳 전파될 때마다 예수의 죽음/죽임당함을 힘써 기억해야 한다. 할 수 있는 모든 '낭비'는, 이 죽음/죽임당함을 기억하기 위한 노력이다. 예수는 예언한다. 아니, 부탁한다. 나의 복음의 길과 그로 말미암아 닥쳐온 죽음을 정성을 다해 준비한 이 여인이 한 일을 기억해 달라고. 예수의 죽음은 특별해 보이지 않는 갈릴리 촌놈의 한낱 허황된 꿈의 종말이 아니다. 그의 죽음은 하느님의 나라를 이루기 위한 죽음이다. 이 여인은 그러한 죽음을 향해 가는 예수에게 예禮를 다한다. 그러니 이 여인의 한 일은 복음과 함께 기억될 것이고, 기억되어야 한다.

신앙인에게는 기억의 윤리가 있다. 하느님의 구원 역사에서 기억되어야 할 '어린 양'들이 있다. 그들의 죽임 당함과 고통은 '낭비'의 예를 갖춰 소중히 다루어야 한다. 바로 그러한 예의 행동이 그들의 고통과 함께 기억될 때, 그것이 헛되지 않게 된다. 이 기억의 윤리를 상실하면 우리는 인간됨에서, 신앙에서 지극히 멀어지고 만다.

사랑의 힘

사랑과 정의를 반대편에 놓고 사안에 따라 사랑이냐 정의냐를 저울질하는 경우가 있지만, 사랑과 정의가 서로 반대쪽에 있을 리 없다. 때로 정의는 사랑의 다른 면이다. 가령 약자에 대한 사랑은 정의와 멀지 않다. 성서에서 예수가 보여준 정의로운 행동들은 소외되고 약한 사람들에 대한 사랑이었다. 사랑이 그리스도교의 본질이고, 하느님의 마음이며 또 그 마음에는 정의가 있으니 사랑과 정의가 분열적이거나 서로 대치될 수 없을 것이다. 성서에는 약자로 불리는 이들의 정당한 가치를 발견하고, 그래서 이전과는 달리 마땅한 존중을 표하는 사례가 있다.

'그리스도교 계통의 이단'이라는 이름을 털어내고 자신들은 그리스도교와 다른 종교라고 선언한 미국의 한 종교는 지도자 자리에 남성들만 앉힌다. 그 종교의 젊은 선교사와 만난 자리에서 나는 그것이 성차별이 아니냐고 물었다. 이에 대해 그 선교사는 자기네 종교가 얼마나 여성들을 존중하는지를 설명했다. 존중하는데 왜 여성들은 지도자가 될 수 없느냐는 물음에는 그것은 양성의 역할이 '다르기' 때문이라는 답변이 돌아왔다.

사정은 그리스도교 대다수도 마찬가지다. 로마 가톨릭에는 아직 여성 사제가 없다. 수녀는 수도자일 뿐 지도자는 아니다. 우리나라 개신교 일부도 다르지 않다. 개신교 내 몇몇 교파에서는 아직도 여성들이 목사가 될 수 없다. 교회에서 목사란 여러 역할과 기능을 담당하지만, 결국 그 교회 회중들의 지도자라 할 수 있다. 왜 여성들은 교회의 지도자가 되지 못하는가? '성서적이 아니라'는 우격다짐이 돌아올 것을 뻔히 알면서도 묻고야 만다. 그렇다면 정말 성서에서는 어떻게 기록되어 있을까? 초기 그리스도교 교회에서 여성들은 지도자로 섬기지 못했을까?

바울은 로마 교회에 들러 후원을 받고 서쪽으로 선교의 폭을 넓히려 하였다. 그러나 로마 교회는 자신이 세운 교회가 아니었다. 그뿐만 아니라 제국의 수도에 있는 교회로 이미 어느 정도 규모를 갖추고 있었던 듯 보인다. 따라서 바울은 '사도'의 권위를 함부로 로마 교회에 내세우기보다 로마서를 통해 자신의 복음을 로마 교

그림 24 뵈뵈를 그린 성화.

뵈뵈의 손에는 그리스도의 복음을 뜻하는 십자가와 복음의 정수를 담은 문서(로마서)가 들려있다. 이 그림에 나타난 당당한 뵈뵈의 모습에서 우리는 여성 지도자의 풍모를 감지할 수 있다.

회에 소개하면서 지지와 후원을 기대하였던 것 같다. 뵈뵈는 바울에 앞서 로마 교회로 가는 바울 일행의 선발대였고, 바울은 로마 교회에 그를 추천하는 내용을 로마서 말미에 쓰게 되었다.

바울은 뵈뵈를 "우리의 자매"이자 고린토 남동쪽 항구 도시 켄그리아 교회의 '일꾼'(디아코노스διάκονος)으로 소개한다. '자매'는 예수 그리스도에 대한 믿음을 공유하는 모임에 속한 사람이라는, 그래서 하느님의 가족으로 서로를 환대해야 하는 사람이라는 뜻이다. 다음에 바울은 '일꾼'이라는 단어를 집어 든다. 개역개정판은 각주를 달아, '디아코노스'가 '집사'를 의미할 수도 있다고 알려준다. 그런데 이러한 각주는 독자들에게 1세기 교회의 직책에 대한 혼란을 준다. 오늘날 교회의 직책 '집사'는 지도자로 불리기에는 조금 어정쩡한 위치에 있기 때문이다.

'디아코노스'는 분명히 초기 교회에서 지도자를 가리키는 공식적인 칭호였다. 이것은 복음서에 암시되어 있을 뿐 아니라(마태 20:26, 23:11 등의 병행 구절) 바울 역시 지도적 역할을 담당하는 사람을 가리킬 때 그 단어를 사용했다. 가령 바울은 여러 교회에서 자신이 한 사역을 '디아코노스'의 역할로 규정한다(1고린 3:5, 2고린 3:6, 6:4, 에페 3:7, 골로 1:23, 25). 개역개정판은 이곳들에서도 '디아코노스'가 '집사'를 가리킬 수 있다고 각주를 달아놓았지만, 아마 오늘날 한국 그리스도교인들 가운데 누구도 바울이 '집사'였다고 생각하지는 않을 것이다. 바울은 필립비 교회에 인사하면서 특별히 '감독과 디아코노스들에게'ἐπισκόποις καὶ διακόνοις(필립 1:1) 인사하는데, 이들은 그 교회의 지도자들에 해당한다고 할 수 있다. 이때 우리말 성서는 '디아코노스'를 모두 '집사'로 번역했지만, 그것은 오늘날 교회의 '집사'하고는 다른, 교회의 지도자들을 가리킨다.

뵈뵈는 초기 그리스도교 교회, 특별히 바울의 교회에서는 인정받는 지도자로 볼 수 있다. 그는 바울을 포함하여 많은 이를 후원하였다. 재정적으로 넉넉했던 것 같고, 아마도 자신의 집을 교회 모임으로 내어주었을 것이다. 많은 학자가 추정하는 대로 뵈뵈는 바울의 편지를 가지고 로마로 간 듯하다. 그곳에서 뵈뵈는 로마서를 읽어줄 뿐 아니라 로마 교인들의 질문에 답해주었을 것이다. 곧

그림 25 코스타스 크세노풀로스Kostas Xenopoulos, 《교회를 섬기도록 여성 지도자를 부르는 예수》

왼쪽부터 유니아, 리디아, 브리스길라, 드루배나, 뵈뵈, 다비다 순서로 되어 있다.

그는 복음의 전달자이자 해설자이고 해석자의 역할을 담당했다. 오리게네스와 같은 초기 그리스도교 작가도 로마서를 주석하면서 이 단락이 여성이 교회의 지도적 역할을 담당한 본문이라고 해설한다.

켄그리아의 지도자이고, 바울 자신을 비롯한 사도의 후원자이기도 한 뵈뵈가 복음의 정수가 담긴 로마서를 들고, 그것을 읽고 해설해 주러 갔으니 바울은 로마 교인들에게 그를 "성도의 합당한 예절로 주님 안에서 영접"해야 한다고, 또 "어떤 도움을 원하든지 도와주어야" 한다고 요청한다(로마 16:2). 최소한 바울 편에서는 할 만한 요청이다. 뵈뵈는 바울의 동역자로, 헌신적이고 지성적인 교회의 지도자였기 때문이다.

초기 교회에서는 뵈뵈 외에도 지도자로서 섬긴 여성들을 여럿

꼽을 수 있다. 그러나 여성들이 로마의 공식적인 지도자 지위에 앉지 못하는 로마 제국의 체제를 따라 교회가 조직화 되면서 초기 교회의 신앙 생명력을 이어가던 여성들은 지도자의 위치에서 내려와야 했다. 그리고 지난 세월 여성들이 교회에서 지도자로 섬기는 것이 부자연스럽고, '비성서적'인 것이 되어버렸다.

오늘날 수많은 여성이 현실적으로 그리스도교의 역사를 이끌고 가고 있다면, 우리는 바울을 따라 지도자로 섬길 수 있는 여성들을 마땅히 "성도의 합당한 예절로 주님 안에서 영접"해야 한다. 그것이 성서적이며, 이른바 초대 교회의 살아 있는 신앙의 모습이었다. 사랑과 마땅한 존중은 오늘날 불균형한 교회의 모습을 바꿀 수 있게 하는 힘이다.

필레몬의 쓸모없는 종을 사랑하는 형제로 받아들이기

예수 그리스도를 전하다가 감옥에 갇힌 바울이 골로사이 지역에 살던 필레몬에게 보낸 '필레몬에게 보낸 편지'(빌레몬서)는 A4 복사용지 한 쪽에도 미치지 못하는 분량이다. 그런데 이 편지에 대한 해설서 중에는 대략 500쪽에 달하는 것도 있다. 필레몬에게 보낸 편지가 335개의 단어로 이루어져 있으니, 한 단어당 한 쪽이 넘는 해설이 할당된 셈이다. 이 짧은 편지가 많은 학자를 수다쟁이로 만드는 이유는 간단하다. 이 편지에는 예수 그리스도의 복음을 받아들인 사람들이 어떻게 살아가야 하는지에 대한 핵심적인 윤리가 담겨 있기 때문이다. 나는 이 글의 취지를 살리면서 장절 구분 없이 새롭게 번역을 해보았다.

필레몬에게 보내는 바울의 편지

그리스도 예수의 포로여서 감옥에 갇힌 바울과 우리 형제 디모데가, 우리가 사랑하는 형제이자 동역자 필레몬과 자매 압비아와 우리의 전우戰友 아킵보와 필레몬 그대의 집에 모이는 교회에 이 편지를 씁니다. 우리 아버지 하느님과 예수 그리스도가 베푸시는 은혜와 평화가 여러분에게 있기를 바랍니다.

나는 기도할 때마다 필레몬, 그대를 기억하면서 언제나 나의 하느님께 감사를 드립니다. 그대가 주 예수와 모든 성도를 사랑하고, 그들에게 신실하다는 것을 들었습니다. 여러분 안에 있는 모든 선한 것을 알게 되면서 그대가 주 예수 및 성도들과 신실하게 사귀는 것이 그리스도를 향하도록 효력을 내게 되었습니다.

아! 필레몬 형제, 그대의 사랑 덕분에 나는 큰 기쁨과 위로를 얻습니다. 그대 덕분에 성도들의 마음이 새 힘을 얻었기 때문이지요. 필레몬 형제, 그대가 이러한 사람이기 때문에 내가 그리스도의 이름으로 아주 담대하게 그대가 마땅히 해야 할 일을 명령할 수도 있지만, 서로 사랑하는 사이에는 간곡히 부탁하는 편이 더 나을 것입니다. 나 바울은 이제 나이도 많고, 그리스도 예수의 포로여서 지금 감옥에 갇힌 몸입니다.

내가 내 아이를 위해 그대에게 간청합니다. 감옥에서 내가 낳은 아이는 오네시모입니다. '쓸모 있다'는 이름 뜻과 달리 오네시모는 이전에 그대에게 쓸모없었지요. 그러나 지금은 그대와 내게 모두 쓸모 있습니다. 내가 내 심장과 다를 바 없는 그를 그대에게 돌려보냅니다. 복음을 전하다가 감옥에 갇힌 나를 돌보게 하려고 그대를 대신해 그를 내 곁에 두고자 했습니다. 그러나 그대의 동의 없이 나는 아무것도 하고 싶지 않습니다. 그대가 마지못해 억지로 선을 행하기보다는 스스로 원해서 해야 하기 때문입니다.

아마 오네시모가 그대를 잠시 동안 떠난 것은 그대가 영원히 그를 데리고 있게 하기 위해서인지도 모릅니다. 그는 더 이상 종이 아닙니다. 종 이상입니다. 곧 사랑받는 형제입니다. 특별히 내게 그러합니다. 그러니 인간적으로도, 주님 안에서도 그대에게는 더욱 그러해야 합니다. 그대가 나를 동역자로 여긴다면 나를 맞듯 그를 맞아주십시오. 그가 그대에게 잘못한 것이 있거나 빚진 것이 있으면 그것은 내가 갚겠습니다. 나 바울이 내 손으로 직접 차용증을 씁니다. "내가 갚겠다." 그대가 내게 빚지고 있다는 것을 이 자리에서 나는 그대에게 말하지 않겠습니다.

필레몬 형제! 나는 주님 안에서 그대에게 호의를 바랍니다. 그리스도 안에서 나의 마음에 새 힘을 불어넣어 주세요. 그대가 내 말에 순종하리라 확신하고 이 글을 그대에게 씁니다. 나는 그대가 내가 말한 것 이상으로 할 줄로 압니다. 내가 묵을 방도 준비해 주세요. 여러분의 기도를 힘입어 내가 여러분에게 갈 수 있기를 바랍니다.

그리스도 예수 덕분에 나와 함께 감옥에 갇히기로 한 에바브라도 그대에게 안부를 전합니다. 마가, 아리스다고, 데마, 누가 등 나의 동역자들도 안부를 전합니다.
주 예수 그리스도의 은혜가 그대들의 영혼과 함께하기를 기원합니다.

필레몬에게 보낸 편지는 바울이 노예인 오네시모를 위해, 오네시모의 주인이자 바울을 통해 예수 그리스도를 믿게 된 필레몬에게 특별히 부탁하는 내용이다. '오네시모'는 '쓸모 있는'을 뜻하는 전형적인 노예의 이름이다. 아마도 오네시모의 부모가 노예였을 확률이 크다. 노예 부부의 자식은 그 부부를 소유한 주인의 노예로 태어난다. 노예는 주인의 '도구'고, 도구의 가장 큰 덕목은 '쓸모'다. 그런데 '쓸모 있다'는 이름 뜻과 달리 오네시모는 필레몬에게 쓸모없는 노예로 전락했다. 그러나 바울은 이제 "그대(필레몬)와 내(바울)게 모두 쓸모 있게 되었다"(11절)면서 필레몬에게, "그(오네시모)는 더 이상 종이 아닙니다. 종 이상입니다. 곧 사랑받는 형제입니다. 특별히 내게 그러합니다. 그러니 인간적으로도 주님 안에서나 그대에게는 더욱 그러해야 합니다. 그대가 나를 동역자로 여긴다면 나를 맞듯 그를 맞아주십시오"(16절)라고 부탁한다. 편지를 쓸 때 오네시모는 주인 필레몬을 떠나 바울과 함께 있었고, 감옥에 갇혀 있던 바울은 오네시모와 얘기를 주고받으면서 그를 그리스도인으로 '낳았다'(10절). 요컨대, 노예 오네시모는 주인 필레몬에게 모종의 피해를 주고 바울을 찾아왔고, 바울은 그리스도인이 된 오네시모를 필레몬에게 되돌려 보내면서 오네시모 때문에 빚어진 손해가 있다면 자신이 대신 갚을 테니 이제 돌아가는 오네시모를 더 이상 종이 아닌 '사랑받는 형제'로 대해 달라고 요청한다.

당시에는 여러 이유로 노예가 되었고, 노예도 여러 종류가 있었는데 오네시모는 아마도 필레몬의 사업이나 가계를 돌보는 노예이었던 것 같다. 주인 필레몬과 노예 오네시모 사이에 의견 충돌이 발생할 수 있었고, 편지를 읽어보면 오네시모가 필레몬과 의견 충돌을 겪고 필레몬에게 일정한 손해를 끼쳤던 것 같다. 이렇게 주인과 충돌하고, 나아가 이에 따라 손해가 발생하면 노예는 심한 질책과 학대를 받을 수 있었기에, 노예는 주인과 잘 아는 사람에게 중재나 협조를 요청할 수 있었다. 그렇게 주인에게 중재해 주는 사람을 라틴어로 '아미쿠스 도미니(주인의 친구)'amicus domini로 부른다. 오네시모는 필레몬이 존경하는 바울이 아미쿠스 도미니가 될 수 있으리라 보고, 그를 찾아간 것 같다. 그런데 오네시모는 바울에게 도움을 요청하는 대화 중에 예수 그리스도에 대한 믿음을 가지게 되었다. 바울의 표현대로 오네시모는 새롭게 태어난 것이다. 그러기에 바울은 감옥에 갇힌 자신을 돌보는 일도 겸했던 오네시모를 주인 필레몬에게 되돌려 보내면서 더 이상 노예가 아닌 '사랑받는 형제'로 맞아들이라고 필레몬에게 요청한다.

오네시모가 빚지거나 손해를 끼친 것이 있다면 그것을 탕감하고, 그리스도인으로 새롭게 거듭났으니 더 이상 그를 노예가 아니라 사랑하는 형제로 받아들이라는 바울의 요청에 필레몬은 어떻게 응답했을까? 신분상 노예가 없는 오늘날 한국 사회와는 달리 노예

제도가 자연스럽고, 또 노예제도로 상당 부분의 경제 및 사회 활동이 이루어지던 당시 바울의 요청을 거부한다고 해서 필레몬이 특별히 비난받을 이유는 없었다.

바울은 필레몬이 "마지못해 억지로 선을 행하기보다는 스스로 원해서"(14절) 오네시모를 형제로 받아들일 수 있으리라 믿었다. 이미 그는 그리스도를 믿는 믿음을 행동으로 보여준 사람이기 때문이다. 필레몬은 성도들의 마음에 생기를 불어넣을 정도로 믿음을 실제적으로 행동한 사람이었고(7절), 자신의 집을 개방해 거기서 교회 모임을 열도록 헌신한(2절) 사람이기도 했다. 바울은 이 일을 두고 "그리스도의 이름으로 아주 담대하게 그대(필레몬)가 마땅히 해야 할 일을 명령할 수도 있지만, 서로 사랑하는 사이에는 간곡히 부탁"한다(8~9절). '명령'할 수도 있지만 사랑 때문에 '간곡히 부탁'하는 그리스도인의 도덕과 윤리가 필레몬에게도 있으리라 기대했기 때문이다. 바울은 오네시모가 더 이상 노예가 아니라 자기 '마음'(그리스어로는 '심장'에 가깝다)이라고 표현하면서(12절), 필레몬도 그렇게 변화된 오네시모를 '형제'로 받아들일 것을 간청한다.

바울의 기대대로 필레몬은 오네시모를 믿음의 형제요 사랑받는 지체로 받아들인 것 같다. 골로새인들에게 보낸 편지 4장 9절에서 바울은 이렇게 쓴다.

> 사랑받는 신실한 형제인 오네시모도 같이 보냅니다. 그는 여러분의 동향인입니다. 그들이 이곳 사정을 모두 여러분에게 알려드릴 것입니다.

성서 그 어느 곳에서도 필레몬이 어떤 말을 하고 어떤 행동을 했는지 직접적인 기록은 없지만, 골로사이인들에게 보낸 편지에서 바울이 남긴 이 한 구절은 필레몬이 바울의 간청을 믿음과 사랑으로 받아들였음을 알게 한다.

십자가에 달린 예수를 그리스도로 믿는 믿음은 번지르르한 말에 있지 않다. 바울은 이렇게 쓴다.

> 주님께서 허락하시면, 내가 속히 여러분에게로 가서, 그 교만해진 사람들의 말이 아니라 능력을 알아보겠습니다. 하느님 나라는 말에 있지 아니하고, 능력에 있습니다. (1고린 4:19~20)

말이 아니라 삶을 바꾸는 능력, 곧 하느님의 통치가 실현되는 새로운 세상을 미리 앞당겨 지금 이곳에서 살아갈 수 있는 능력이 있는지가 그리스도교인들에게는 중요하다. 하느님의 통치는 아무것도 아닌 것들, 이 세상에서 '소모품'처럼 취급당하는 사람들을 불러내어 그의 세상에 참여하게 하는 것이니, 이것이 당시 지중해 세계 사람들의 정치, 문화, 경제, 종교 질서와 어긋나지 않을 수 없었다. 예수 그리스도도 그러했고, 바울의 요청도 그러했다.

필레몬의 말은 단 한 마디도 우리에게 전해 내려오지 않으나 그의 선택과 결정이 어떤 것이었는지는 우리가 충분히 알 수 있다. 그는 노예를 형제로 받아들여 하느님 나라를 미리 앞당겨 살았다. 그것이 그에게, 오네시모에게, 하느님에게 모두 기쁨이었을 것이다. 사랑은 그렇게 사회의 질서가 구획해 놓은 경계를 훌쩍 넘을

그림 26 오네시모의 성화.

전승에 따르면 오네시모를 형제로 받아들인 필레몬이 그를 다시 바울에게로 보냈고, 오네시모는 충심으로 바울과 함께 복음을 전했다. 바울이 골로사이인들에게 쓴 편지를 들고 골로사이 교회에 갔다는 이야기가 있는데, 성화는 이를 반영한다. 안티오키아의 이그나티우스는 에페소 지역 교회의 주교가 오네시모라고 언급하는데, 일부 사람들은 그가 필레몬서의 오네시모와 동일인이라고 추정한다.

수 있었다. 우리나라의 초기 그리스도교 선교 역사에도 이와 유사한 유명한 일화가 있다. 머슴 출신 이자익(1882~1961)과 그 주인 조덕삼(1867~1919)의 이야기다. 신앙은 사람을 포함한 만물을 새로운 전망으로 보게 하며, 그 가치를 보게 된 사람은 세상의 틀을 넘어서서 자유의 사랑을 만끽한다.

기만의 비극

평생 사람은 기만과는 떨어질 수 없는 모양이다. 젖먹이도 배고픈 척 엄마를 속이고 젖꼭지를 물고 있으려 한다는 연구 조사는 기만이 인간의 '본능', 곧 타고난 성질이 아닌가 생각하게 한다. 젖먹이 이후로 사람이 다른 사람을 속이는 기만의 종류와 수는 다 언급할 수 없다. 거의 매일 기만을 시도한다. 인간만 그런 것이 아니다. 살아 있는 동식물들은 생존을 위한 기만 능력을 갖고 있다. 다른 동식물을 속이는 능력으로 자신의 생명을 보존하고, 후손을 번식한다. 가만히 생각해 보면 이렇게 생존과 번영을 위해 생명체들이 발전시켜 온 기만 자체를 무턱대고 비난할 수는 없다. 생존 문제가 걸린 포식 동물에게 불살생不殺生의 윤리를 들이밀고, 포식 행위를 정죄할 수는 없는 노릇이다. 사람의 기만을 판단할 때도 마찬가지다. 생존과 안전을 위한 불가피한 기만이 있다. 그러나 사람들은 신앙의 이름으로, 하느님의 이름으로 끔찍한 (자기)기만을 하기도 한다.

디나는 어디에 있느냐?

야곱 일행은 밧단아람을 떠나 가나안 땅 세겜 성에 도착해서 그 성 앞에다 장막을 치고 거기에 머물렀다. 나그네인 야곱 일행은 그 성의 지도자인 하몰의 아들들에게 은 백 냥을 주고 장막 친 땅을 샀는데, 이것은 안전하고 별다른 사고 없이 머물게 해 달라는 요청이었다. 야곱은 그곳에 제단을 쌓고 그곳의 이름을 '엘엘로헤이스라엘'이라고 하였다. '이스라엘의 하느님 엘'이라는 의미였다. 그 무렵 야곱의 첫 번째 부인 레아는 딸을 낳았고, 이름을 '심판'이라는 뜻의 '디나'라고 하였다. 디나가 성장하여 혼자 놀러 다닐 즈음 일이 발생했다.

디나는 야곱 가족이 머물던 곳을 잠시 떠나 그 마을 여자들을 보러 갔다. 아이들이 흔히 그렇듯 놀러 나간 것이 분명하다. 그때 끔찍한 일이 벌어졌다. 세겜 성의 지도자인 하몰에게는 '세겜'이라는 이름을 가진 아들이 있었는데, 그는 하몰의 아들 가운데서도 가장 영향력 있었고, 디나가 놀러 간 지역의 통치자이기도 했다. 세겜은 디나를 보자마자 마음을 빼앗겼고 그와 혼인을 올리고 싶었다. 이를 위해 고대 근동 지역에서 종종 일어났던 폭력적인 방법을 시도했다. 곧 강간을 통해 혼인을 하려 하였다. 이러한 관행이 있었다는 사실은 신명기 22장 28~29절이나 히타이트 법률에서 확인할 수 있다. 세겜이 속한 히위 족속이 히타이트족과 관련이 있었다는 추정이 있는데, 이럴 경우 세겜이 어떤 취지에서 행동했는지가 보다 분명히 드러난다. 그는 약탈혼을 하려 하였다. 이런 약탈혼은 조선 시대에도 이른바 '과부 보쌈'과 같은 형태로 존재했다. 히타이트 법률에 따르면 강간을 통한 혼인 승낙을 요청할 때, 신랑 쪽에 치러야 할 신부 값이 평상의 경우(은 30~40 세겔)보다 많은 것이 보통이었다. 또한, 신명기에서 규정하듯 강간으로 혼인을 한 경우 남편은 부인에게 이혼 청구를 할 수 없기도 하였다. 그러니 약탈혼을 감행하려는 남자는 여러 비용을 감수해야만 했다.

세겜은 강간한 야곱의 딸에게 사랑을 고백하면서, 자기 아버지 하몰에게 혼인 승낙을 요청하고 하몰과 함께 디나의 아버지 야곱을 찾아왔다. 야곱에게도 혼인을 허락해 달라는 요청을 하기 위해서다. 야곱은 아들들보다 먼저 디나에게 일어난 끔찍한 일을 알았지만 그들에게 이 소식을 전하지 않았다. 야곱은 그 땅의 나그네였고, 하몰과 세겜은 그 땅의 주인 노릇을 하던 이들이었다. 하몰과 세겜이 찾아오고 그 일에 대해 야곱의 아들들이 알게 되자 그들은 "슬픔과 분노를 억누르지 못하고 있었다". 그러나 함부로 하몰 집안에 덤비지 못하였다. 야곱은 경거망동이 집안 전체를 위험에 빠지게 할 수 있음을 알았다.

하몰은 야곱에게 정중하게 제의를 하고, 자신의 집안과 야곱 집안이 서로 어울려 살자고 제안했다. 땅도 같이 나누고, 장사도 하

그림 27 에스더 뉴만-코헨Esther Newman-Cohen, 《폭행당한 후의 디나》, 2013년, 50.8×71.1cm, 캔버스에 유화, 이스라엘 메바세레트 시온.

뉴만-코헨은 성폭행을 당한 후 디나가 겪는 심리적 고통을 표현했다. 디나의 얼굴은 더 이상 아름답지 않다. 이마와 눈과 코, 그리고 입에 한 덧칠은 생각하기도, 보기도, 숨쉬기도, 말하기도 포기한 여인의 내면을 나타낸다. 표정을 알아보기도 힘든 얼굴에 오른쪽 눈만이 드러나 있으나 그 눈은 초점을 잃었다. 화가는 그림을 통해 폭행당한 여인의 고통에 동참하도록 관람자를 부른다.

면서 평화 속에서 함께 번영을 꾀하자고 제의한다. 한편 세겜도 야곱의 아들들에게 용서를 구하고, 그들의 호의를 바라면서 신부 값은 얼마든지 치르겠다고 약속한다. 야곱의 아들들은 아버지와 형과 삼촌을 속인 야곱의 자식다웠다. 그들은 세겜 사람들에게 할례를 요구한다. 세겜 성의 남성들이 할례를 하면 그들과 어울려 살 것이고, 그렇지 않으면 디나를 데리고 가겠다고 역으로 제안하였다. 하몰과 세겜 편에서 그것이 나쁜 제안일 리 없었다. 야곱 가족과 하나가 되면 이미 인구도 많고 큰 경제적 규모를 가진 땅의 주인들인 세겜의 인구가 불어나리라 판단했기 때문이다. 하몰과 세겜은 이렇게 세겜 성 사람들에게 말하였다. "그들의 양 떼와 재산과 집짐승이 모두 우리의 것이 되지 않겠습니까?"

할례가 시행되었다. 세겜의 모든 장정은 할례를 받았고 사흘이 지났다. 할례를 받은 성인 남자들이 고통스러워 전혀 힘을 쓰지 못하게 되었을 때 야곱의 아들들, 그중에서도 야곱과 레아에게서 난 디나의 친 오라버니인 시므온과 레위가 이끄는 사람들이 세겜 성에 쳐들어갔다. 할례의 고통에 제대로 반격하지 못하는 세겜 성 남자들은 학살되었고, 야곱의 아들들에게 속은 하몰과 세겜도 죽음을 면치 못했다. 시므온과 레위는 세겜의 집에 있는 디나를 데리고 돌아왔다. 다른 야곱의 아들들은 세겜 성에 들어가 시체를 털었고, 성읍을 약탈했다. 재산을 빼앗고 어린아이와 여인들을 사로잡았으며 집에 있는 물건들을 탈취했다.

일이 이렇게 되니 야곱은 벌어진 참사를 두고 두려워하기 시작했다. 시므온과 레위를 질책하면서 야곱은 이렇게 말한다. "너희는 나를 오히려 더 어렵게 만들었다. 이제 가나안 사람이나, 브리스 사람이나, 이 땅에 사는 모든 사람이, 나를 사귀지도 못할 추한 인간이라고 여길 게 아니냐? 우리는 수가 적은데, 그들이 합세해서, 나를 치고, 나를 죽이면, 나와 나의 집안이 다 몰살당할 수밖에 없지 않느냐?" 야곱은 두 가지 두려움을 말한다. 하나는 그 땅에 사는 모든 사람이 야곱을 "사귀지도 못할 추한 인간이라고 여길" 것이라는 두려움이다. 다른 하나는 그렇게 추한 인간들로 판정받았기에 "그들이 합세해서, 나를 치고, 나를 죽이면, 나와 나의 집안이 다 몰살"될 것이라는 두려움이다. 이에 대한 아들들의 반박은 이러했다. "그가 우리 누이를 창녀 다루듯이 하는 데도, 그대로 두라는 말입니까?"

창세기는 야곱이 아들들의 반박에 어떻게 답변했는지 보도하지 않는다. 다만 야곱의 하느님이 야곱에게 나타나서 피신을 명령한다. "어서 베델로 올라가, 거기에서 살아라. 네가 너의 형 에서 앞에서 피해 도망칠 때에, 너에게 나타난 그 하느님께 제단을 쌓아서 바쳐라." 아버지와 형을 속이고 마땅히 치러야 할 그 속임수에 대한 대가에서 벗어나기 위해 야곱이 도망해서 도착했던 그 베델로, 야곱은 자기 아들들을 데리고 떠나야 한다. 그들은 그들이 저지른 속임수에 대한 대가를 피해 도망가야 한다. 아들들에게 드러내놓고 훈계하지 못했지만 야곱이 맘속으로 품고 있었던 말이 무엇인지 우리는 추측하지 않을 수 없다.

내 딸을, 너희의 누이를 창녀 다루듯이 하는 데도 그대로 두자고 내가 말하더냐? 가인의 후손 라멕이 지어 부르던 노래를 너희가 지금 실행하는 게 아니냐? '나에게 상처를 입힌 남자를 내가 죽였다. 나를 상하게 한 젊은 남자를 내가 죽였다. 가인을 해친 벌이 일곱 갑절이면, 라멕을 해치는 벌은 일흔일곱 갑절이다.' 디나에게 일어난 비극에 상응하는 배상이 그것이라고 생각하느냐? 정의란 무엇이냐? 디나(심판)는 어디에 있느냐?

이 모든 과정에서 디나는 철저히 '타자화'되고, '객체'가 된다. 디나는 '대상'에 머문다. 세겜에게 디나는 욕정을 일으키는 존재였다. 디나가 주체적으로 사랑하는 사람임을 인정하지 못했다. 그랬다면 세겜이 디나를 성폭행하지는 못했을 것이다. 시므온과 레위가 복수하러 나설 때 그들은 디나에게 의견을 묻지 않았다. 디나가 어떤 결정을 할 것인지 묻지 않고, 그저 '오빠들'이 누이의 복수를 하겠다고 나선다.

세겜은 욕정에 사랑이라는 이름을 붙이는 자기기만을 통해 디나를 성폭행하고, 디나를 얻으려는 욕심에 자기 부족의 생명을 희생시키는 대가를 치렀다. 한편, 시므온과 레위는 디나와 가족의 명예를 지킨다는 명분으로 자신을 기만하여 폭력성과 잔인함을 충족시켰다가 거주하는 그 땅에서 쫓겨나는 처지를 벗어나지 못했다.

무엇이 반복되는가?

'대大를 위해 소小를 희생하자'고 할 때, 이에 고개를 끄떡이는 사람은 소에 속한 사람이 아니다. 희생되는 소를 두고 말들이 붙을 것이다. '어쩔 수 없다', '정말 미안하다', '불가피했다', '안타깝다' 등등. 그런 것을 '말'이라고 내뱉어 봐야, 입으로 짓는 악업만을 더

할 뿐이다.

길르앗 땅에 살던 길르앗이라는 이름의 사람이 있다. 그는 본처를 두고도 창녀를 찾았다. 그리고 아들을 낳았다. 이름을 입다라고 붙였는데, 욕정의 자식이었다. 어느 누가 욕망의 아들딸이 아니겠는가. 그러나 그는 특별히 그렇다고 선언된 아들이다. 입다는 아버지를 존경하고 싶었으나 미웠을 것이다. 어머니를 애틋하게 모시고 싶었으나 원망스러웠을 것이다. 그러나 자식인 이상 부모를 사랑하지 않고 배길 수가 있을까. 입다의 심정을 헤아려보니 밤에 이불 속에서, 양 치러 나간 들에서 그가 소리 없이 흐느끼며 흘리던 눈물이 또렷이 보인다. 길르앗의 본처에게서 난 아들들은 특히 입다가 반가울 리 없다. 아버지의 자식이니 유산을 법에 따라 나눠야 하지만, 다른 여인, 그것도 창녀의 자식에게도 그 몫을 주고 싶지 않았다. 이복형제들은 입다가 마땅히 가져야 할 몫에 대한 욕심 때문에 살인자가 될 참이었나 보다. 아마 '대를 위해 소를 희생시키자'는 형제 누군가의 제안이 있지 않았을까? 눈칫밥을 먹고 산 입다는 이복형제를 피해 '돕' 땅으로 도망간다.

'돕' 땅에 가니 입다에게 건달패들이 몰려들었다. 돕 땅은 길르앗 땅에서 먼 곳이 아니니, 그에 관한 풍문이 고향 땅으로 흘러들었을 터. 창녀의 자식이 건달패들의 수령이 되었다는 소식이 '그럼 그렇지'라는 사람들의 입방아와 함께 이곳저곳에 알려졌을 것이다. 그러나 세상일은 모르는 법이다. 암몬 사람들이 이스라엘에 쳐들어오고, 이스라엘은 저 창녀의 자식, 건달패의 수령에게 도움을 청하지 않을 수 없었다. 길르앗의 장로들은 입다에게 군대 '지휘관'이 되어 달라고 요청했다. 그러한 요청을 덥석 들어줄 입다가 아니다. 입다는 그들이 자신을 미워하고, 아버지의 집에서 자신을 몰아내던 때를 상기시킨다. 창녀의 자식에게 수치를 당했지만 장로들은 참는다. 장로들은 비적 떼의 두목에게 재차 제안한다. 이번에는 군대의 지휘관이 아니라 길르앗 사람의 '통치자'가 되어 달라는 것이다. 입다는 하느님의 이름을 두고 이루어진 길르앗 장로들의 맹세를 듣고서는 드디어 이스라엘의 통치자가 되어 암몬을 내쫓는 길에 나선다. 입다는 미스바에서 하느님에게 자신과 장로들 사이에 일어난 일을 아뢰고 그 맹세를 사람들에게 널리 알린다. 맹세를 깬 사람은 죽는 것이다.

입다는 과연 용의주도했다. 그는 종교와 역사적 근거를 토대 삼아 전쟁의 대의명분과 자신의 통치권을 확보한다. 그는 암몬 왕에게 이렇게 말하면서 협상을 시작한다. "우리 사이에 무엇이 잘못되었기에, 나의 영토를 침범하십니까?"(판관 11:12) 길르앗이 '나의 영토'란다. 그러고는 역사와 종교에 근거한 논쟁이 오갔다. 암몬 왕은 물러서려 하지 않았고, 이에 이스라엘의 하느님 야훼의 영이 입다에게 임했다. 그는 그 영의 힘으로 전쟁에 나섰지만, 뭔가가 부족하다고 느낀 모양이다.

당시 전쟁과 같은 중대사는 늘 신적인 힘이 승패를 좌우한다고 믿었고, 지도자는 신의 호의를 얻기 위해 승리를 조건으로 서원을 하였다. 가령 크레테의 지도자 이도메누스는 입다와 매우 유사한 예언을 한다. 전쟁이 끝나고 돌아오던 배에 풍랑이 들이닥치자 그는 포세이돈에게 서원을 한다. 이 풍랑에서 배와 선원들을 구원해

준다면, 집에 돌아올 때 제일 처음 본 것을 제물로 바치겠노라고. 그가 처음 본 것은 아들이었다. 그는 서원대로 아들을 희생제물로 바쳤지만, 신들은 이 희생제물에 매우 분노했고, 크레타섬은 신들이 보낸 전염병이 들이닥쳤다. 마침내 크레타인들은 자신의 서원 때문에 아들을 죽인 그 아버지를 추방해버린다. 입다도 비슷한 서원을 하고자 했다. "하느님이 암몬 자손을 내 손에 넘겨 주신다면, 내가 암몬 자손을 이기고 무사히 돌아올 때에, 누구든지 내 집 문에서 먼저 나를 맞으러 나오는 그 사람은 주님의 것이 될 것입니다. 내가 번제물로 그를 드리겠습니다"(11:30~31). 입다가 맨 처음 나오리라 예상한 것은 무엇일까? 짐승은 아니었을 것이다. 집의 종을 기대했을지 모른다. 그러나 입다를 처음으로 맞이한 사람은 입다가 사랑하고, 마땅히 입다를 사랑하던 무남독녀였다. 창녀의 아들에서 건달패의 수령으로, 마침내 금의환향하여 길르앗의 통치자가 된 아버지, 전쟁에서도 이긴 아버지를 무남독녀 딸이 아니면 누가 앞장서서 그 승리를 축하하겠는가. 그러나 입다는 무남독녀를 불에 태워 제사를 지내야 했다.

그때 입다가 누운 잠자리는 길르앗의 통치자의 자리가 아니었을 것이다. 겉으로는 그러하나 그 속내는 이복형제들과 함께 누웠으나 감히 근처에 가지 못하고 저 끝에 없는 듯이 자리를 펴고 누운, 먼 옛날의 그 창녀의 자식의 자리였을 것이다. 머릿속에는 무수한 계산이 오고 갔을 것이다. '무남독녀를 번제로 드리면, 대가 끊긴다. 대가 끊기면 제아무리 노력하여 명예와 재산을 쌓는다 해도 그것을 이을 후사가 없게 된다. 아니, 하나뿐인 이토록 사랑스

그림 28 알렉상드르 카바넬Alexandre Cabanel, 《입다의 딸》, 1879년, 64.8×100.3cm, 캔버스에 유화, 개인 소장.

카바넬은 아카데미즘 풍으로 입다의 딸을 그렸다. 한껏 치장을 했지만 얼굴은 비극적 운명을 고스란히 드러낸다. 애써 침착하려 하지만 망연자실한 마음을 감출 수는 없는 법이다. 뒤따르는 여인들은 마치 자기 일인 양 입다의 딸의 뒤를 따르면서 함께 통곡한다. 사실 자기 일이 아닐 수 없을 것이다. 딸들이 가부장에 의해 희생되는 사례가 이번만은 아니었을 것이다. 그리하여 그들은 언제나 그들에게도 일어날 수 있는 일인 듯 슬퍼할 수밖에 없었다. 카바넬은 아버지에 의해 희생되는 딸의 슬픔에 관람자를 동감할 수 있도록 그렸다.

러운 딸을 죽여야만 하는가. 서원을 이행하지 않으면 어떻게 되는 건가. 하느님의 재앙이 들이닥치겠지.' 입다는 미스바에서 행한 서원식도 머리에 떠올랐을 것이다. 입다 자신이 하느님과의 서원을 지키지 않는데, 길르앗 사람들이 하느님을 두고 입다와 한 서원을 지킬 이유가 무엇인가. '암몬을 물리쳤으니, 저 창녀의 자식, 도적 떼의 비루한 두목을 제자리로 돌려보낸들 어떠하랴. 하느님과의 약속을 어긴 저 불신앙의 인물을 지도자로 둘 수는 없는 것 아닌가.' 길르앗 사람들이 이렇게 말한다고 해서 입다가 책 잡을 수 없을 것이다.

입다는 결심이 섰다. 길르앗에 닥칠 재앙이 없도록, 하느님에게 서원한 것을 그대로 해야 하기에 딸을 번제물로 바치리라고. 많은 사람의 복지와 종교적 거룩과 순종을 위해, 곧 대를 위한 소의 희생. 그러나 사람들에게는 물론, 그 자신의 무의식에도 삭제하고픈 괄호 속에 있던 것을 끄집어내는 해석의 노력이 필요하다. 아마 그 괄호 속에는 본처를 두고 창녀를 찾았던 아버지의 욕정과 비슷한, 창녀의 자식이기 때문에 가문의 수치이기 때문에 저놈의 몫은 사라져야 한다는 이복형제들의 욕심과 유사한, 건달패의 우두머리라고 욕했지만 급하니 찾아가 얼마든지 머리를 조아릴 수 있었던 장로들의 간사함과 닮은 그 무엇. 괄호 속에 숨겨진 그 무엇. 그리하여 입다가 이복형제들의 살의와 천시와 학대 속에서 잠자리와 들에서 흘렸던 그 눈물이, 이제 하나뿐인 딸의 눈물이 되었다. 입다의 딸은 운다. 그 예전 입다가 울던 대로. 예전의 입다는 울고 있다. 그 딸 속에서. 입다는 자신의 예전 눈물을 잊었지만, 입다의 딸은 예전의 입다로 울고 있다. 마침내 이 울음은 관습이 되었다. “이스라엘 여자들이 해마다 산으로 들어가서, 길르앗 사람 입다의 딸을 애도하여 나흘 동안 슬피”운다(11:40). 무엇이 반복되는가. 반복되는 것은 무엇인가.

빌라도의 씻어낼 수 없는 손

빌라도는 높은 직위를 가진 사람이 아니었다. 1961년에 발굴된 비문에서 그가 가진 공식 명칭은 ‘유대의 부대장’praefectus Iudaeae이었다. 그것은 통칭 500~1,000명의 예비군대를 이끄는 ‘부대장’ 정도를 지칭할 때 쓰는 칭호였다. 로마가 그 정도 직위를 주어 유대인을 다스리게 한 것은 그 지역이 가진 상대적 미미함을 의미할 수도 있고, 빌라도를 후원하던 세자누스Sejanus가 가진 능력의 한계였을 수 있다. 직위명이 어떻게 되었건 간에 그가 유대 땅에서 행사했던 영향력은 막강했다. 그의 힘은 왕의 권세에 해당했으나, 그의 품행은 야만인에 가까웠다. 탐욕과 옹고집, 잔인함으로 유명했고, 그러한 인성에서 나온 일은 유대인들을 상대로 한 도둑질과 억압이었다.

자신보다 높은 지위와 강한 힘을 가진 이들이 자기를 내려다보는 그 시선으로 빌라도는 유대인들을 깔보았다. 유대인들의 종교적 관습과 열정 따위는 미개한 이들의 어리석은 신앙처럼 보였다. 그는 예루살렘에 입성할 때 로마 황제의 형상이 새겨진 깃발을 앞

세웠다. 유일신 신앙에 형상 금지의 십계명을 가지고 있던 유대인들은 이에 저항하였다. 그러나 자신들의 종교를 존중해 달라는 유대인들의 간청에 대한 빌라도의 반응은 단호한 처단이었다. 유대인 역사가 요세푸스Josephus에 따르면 군중을 해산하려고 로마 군사들이 칼을 빼 들자 유대인들은 목을 내밀며 차라리 죽을지언정 황제의 깃발을 치워달라고 엎드렸다고 한다. 결국 황제의 깃발을 치웠지만 빌라도는 이후에도 이러저러한 기회가 있을 때마다 유대인들의 신앙을 경멸과 조롱의 대상으로 여겼다. 한 번은 예루살렘 수로를 건설하기 위해 예루살렘의 금고를 털었다. 당연히 유대인들의 불같은 시위가 이어졌고, 빌라도를 에워싸고 소리를 질러대자 군중 속에 로마 군사들을 잠복해 놓았다가 항의하는 유대인들을 때리고 죽이도록 하였다. 요컨대, 유대인들의 정당한 요청에 대한 그의 대답은 주로 폭력이었다.

예수 그리스도가 빌라도에게 재판을 받으러 간 시각은 금요일 이른 오전이었다. 로마 관리들은 새벽에 업무를 시작하여 점심 정도에 일과를 마치는 게 보통이었다. 빌라도 앞에 선 한 갈릴리 청년, 이름도 들어보지 못한 나사렛 출신의 흔하디흔한 '요수아'라는 이름을 가진 청년은 스스로를 왕이라 칭했다는 혐의로 고발되었다. 유대인 지도자들은 예수가 자칭 왕이라고 함으로써 로마의 지배를 정면으로 부정했으며, 갈릴리와 유대에서 이미 소동을 일으킨 적이 있다고 죄목을 열거했다. 그들은 얼마 전 예수 그리스도가 신전에서 벌인 행동을 구체적으로 지목했을지 모른다. 때는 유월절, 곧 히브리인들이 이집트에서 탈출한 사건을 기념하는 유대인

그림 29 야체크 말체프스키Jacek Malczewski(1858~1929), 《빌라도와 예수 그리스도》, 1910년, 80.5×65cm, 캔버스에 유화, 리비우 국립 미술관.

말체프스키는 폴란드 화가로 아르누보 양식으로 빌라도와 예수 그리스도를 대조하여 그렸다. 그의 그림은 크게 두 가지 주제로 구성되어 있다고 평가받는다. 하나는 예술 그 자체이고, 다른 하나는 죽음이다. 죽음을 표현할 때 그는 고대의 신들이나 폴란드 민속 주제들을 주로 사용했는데 성서에 나오는 내용을 갖고도 여러 작품을 남겼다.

들의 해방절이었고, 로마의 지배를 받고 있던 유대인들이 예수의 선동에 따라 현 지배 체제를 향해 폭동을 충분히 일으킬 수 있다고 유대인 지도자들은 빌라도에게 말을 덧붙였을 것이다. 고발 내용은 로마인 총독이라면 민감하게 반응할 수밖에 없는 사안이었다. 그러나 빌라도는 유대인 지도자들의 고발 내용에 진실만이 있다고 생각하지 않았던 듯하다. 그렇게 위험한 인물이라면 진즉 자신이 알았을 것이 분명하다. 빌라도는 36년 한 사마리아 출신의 거짓 예언자의 미심쩍은 행동을 보고받고는 곧바로 그를 제거한 적이 있을 만큼 폭동이나 반反로마 행동에는 재빠르게 반응하였다. 그런 그가 몰랐던 인물 정도라면 예수라는 인물의 혐의는 미미한 것이다.

이 그림(그림 29)에서 나무에 손이 묶인 채 머리에는 과장된 가시관을 쓴 예수가 화면 오른편에 있다. 예수는 병사들이 조롱으로 입힌 홍포紅布를 대충 걸치고 다소 어색한 자세를 취한다. 오른손으로 턱을 괴는 것이나 왼손으로 홍포를 들고 있는 것과 같은 '우아한' 자세는 병사들이 강제로 우스꽝스러운 자세를 연출하도록 한 것이 아닌가 한다. 그가 묶여 있는 대나무는 매우 얇은데도, 거기에 매여 꼼짝도 못 하는 예수의 무력함이 역설적으로 드러난다. 예수의 얼굴에는 수치와 조롱, 그리고 고난이 함께 버무려져 있다.

화면 왼쪽의 빌라도는 우스꽝스럽게 화려한 예수에 비해 간결한 차림을 하고 있지만 귀족적으로 보인다. 균형 잡힌 몸의 상체를 드러내고, 머리에는 통치자임을 뜻하는 관을 쓰고 잘 정돈된 수염과 세련된 외모를 가진 젊은 통치자 빌라도는 예수와 대비된다. 빌라도의 손은 예수의 손 자세와 같이 우아한 모양인데, 그의 손 앞에는 씻을 물이 그릇에 준비되어 있다. 그저 손을 씻는 것만으로 책임에서 벗어날 수 있다면 얼마나 좋겠는가. 책임을 그런 방식으로 면할 수 있는 것이 동서고금을 통해서 늘 있어 왔던 일이니 새삼스럽지는 않지만, 그렇다고 그것을 쉽사리 받아들일 수도 없는 노릇이다. 빌라도의 표정은 예수의 표정과 대비된다. 시큰둥하고 자기 할 일은 끝냈다는 권력자의 무뚝뚝함이 배어있다. 조롱당하고 수치 속에 싸여 우아한 자세로 경멸당하는 예수와 반대편의 권력자 사이의 극명한 대조가 이 그림을 이해하는 핵심이 된다.

사정이 이러했어도, 평소 빌라도가 보인 잔악함을 미루어보면 나사렛 촌구석 출신의 시골뜨기 젊은이 재판에 그가 신중히 임했을 리 없다. 아마 평소 같으면 그런 정도의 인물은 만나지도 않은 채 유대인 지도자들이 원하는 대로 하라고 했을지 모른다. 그런데 마태오 복음서는 예수에 대한 고발이 유대인 지도자들의 시기에서 비롯된 것임을 알았던 빌라도에게 특별한 일이 있었다고 전한다. 그의 아내는 꿈을 통해 빌라도 앞에 있는 사람이 누구인지 알았다. 따라서 빌라도의 아내는 예수가 의인이며, 그에 대해 잘못된 판결을 한다면 빌라도가 신의 뜻을 정면으로 거스르는 일이 될 것이라고 간절하게 알려준다. 하여 빌라도는 나름 애를 쓴다. 유대 혁명운동을 하던 바라바라는 소문난 죄수 대신에 예수를 놓아주기를 원한 듯이 마태오 복음서는 보도한다. 그러나 유대인 지도자들과 그에 선동된 사람들은 바라바가 아니라 예수가 십자가, 곧 로마에 반역한 사람들에게 주는 형벌을 받아야 한다고 주장하였다.

빌라도는 유대인들의 강력한 요구에 다시 한번 직면했다. 또 민란이 일어날 징조도 위협적으로 느꼈다. 역사가들이 보도하는 빌라도라면 자신의 뜻을 관철하기 위해 또 다른 폭력을 썼을 것이다. 그러나 그는 쉬운 편을 택한다. 무죄한 사람 하나를 죽이는 편이 무수한 사람들을 죽이는 것보다 간편했다. 예수라는 나사렛 촌놈의 목숨이 무에 그리 중요하단 말인가. 자신의 부인이 전해준 꿈 이야기만이 다소 찜찜할 뿐인데, 어차피 살인의 의도와 진행은 저 유대인들의 주장 아래 시행되는 것 아닌가. 빌라도는 무리 앞에서 손을 씻는다. "나는 이 사람의 피에 대하여 책임이 없으니, 여러분이 알아서 하시오." 이로써 그는 자신의 양심을 만족시켰고, 혹시 자신에게 쏟아질지 모르는 신의 분노도 그들의 몫으로 돌렸다.

그 후로 2,000년이 흐른 오늘날 매 주일 수십억의 그리스도교인들은 사도신경을 통해 본디오 빌라도가 예수에게 고난을 주었고, 그가 예수를 십자가에 못 박아 죽였다고 외우며, 그를 고발한다. 손을 씻은 그를, 유대인들의 성화와 위협에 못 이긴 그를, 그래도 예수를 살려주고 싶어 했던 그를. 빌라도는 무리 앞에서 손을 씻었지만, 그리고 유대인들의 입으로 직접 "그 사람의 피를 우리와 우리 자손에게 돌리시오"라는 말을 들었지만, 후대는 예수의 고난과 죽음의 최종 책임이 그에게 있다고 똑똑히 기록한다. 왜 그러한가? 그에게 사형판결권이 있기 때문이다. 권한이 있는 사람에게 책임 또한 있다. 빌라도는 그 당시 그 무리 앞에서는 손을 씻고 자신의 무죄함을 주장할 수 있었지만, 하느님과 역사 앞에서 그는 결코 씻어내지 못한 피 묻은 손을 가진 사람이다.

측은지심의 보행
- 길 위의 예수 -

I

하느님에 대해서 말하지 않고는 사람에 대해서 말할 수 없고,
사람에 대해서 말하지 않고는 하느님에 대해서 말할 수 없다.

이 경구警句는 하느님에 대한 이해가 사람, 특별히 자기 자신에 대한 이해와 철저하게 연결되어 있음을 알려준다. 하느님을 예수 그리스도로 바꾸어도 마찬가지다. 누군가 예수 그리스도에 대해서 말한다면, 그것은 그 고백을 통해서 자기 자신에 관한 말을 하는 것과 분리될 수 없다. 반대로 자기 자신에 대한 말은 예수 그리스도에 대한 말과 이어진다.

그림 30 페테르 파울 루벤스, 《네 복음서 저자》, 1614년, 29×21cm, 캔버스에 유화, 상수시 미술 박물관.

서양미술사에서 복음서 저자들은 자신을 드러내는 상징과 더불어 등장하기 마련이다. 화면 맨 왼쪽에 옆에 누워 있는 소와 함께 있는 이는 루가다. 화면 중앙에 벗어진 머리에 천사와 눈을 서로 마주 보고 이야기를 나누는 인물은 마태오다. 마태오의 왼편에 상의를 벗고 앉아 있고, 옆에 사자를 두고 있는 인물은 마르코다. 마르코 복음서에 붙잡히는 예수를 따라가다가 같이 잡힐 위기에 처하자 두르고 있던 홑이불을 벗어 던지고 도망한 청년이 '마르코'와 동일시되는 전통을 따른 것이다. 한 탁자에 둘러앉은 세 명과는 달리 홀로 떨어져서 서 있는 청년은 손에 책을 들고 하늘을 올려다본다. 그 앞에는 독수리가 있는데, 이 청년이 바로 요한이다. 마태오, 마르코, 루가가 이른바 '공관', 곧 '같이 본' 듯이 서로 유사한 부분이 많은 반면, 요한은 독자적인 예수 이해를 고백한다.

신약성서 저자들은 각자 독특한 예수 그리스도 이해를 드러낸다. 복음서만 해도 복음서는 나름의 독특한 예수상像을 저마다 그린다. 통상적으로 말하면 마태오는 예수가 "가르침 혹은 율법으로 세상을 통치하는 유대인의 왕"이라고 독자들에게 천명한다. 이것은 당시 그리스-로마 세계의 맥락에서 보면, '이상적인 통치자는 누구인가?'라는 질문에 대한 답을 해오던 오랜 논의와 잇닿아 있다. 플라톤 전통은 '철학자-왕'을 이상적 통치자로 상정하는데, 마태오 복음서 저자에 따르면 예수야말로 유대인이나 이방인이 모두 오랜 세월 동안 기다려 오던 바로 그 인물이다. 예수가 가르친 하늘나라와 그 나라의 모습은 유대인과 이방인 모두가 흠모할 만한 것이다. 이러한 예수 이해는 마태오 공동체가 예수의 가르침을 통해 세상에 통치자적인 역할을 담당하려는 사람들이었음을 암시한다. 통치자는 일반 사람들과 달리 뛰어나야 한다. 나아가 통치자를 자처하는 다른 뛰어난 통치자들보다도 뛰어나야 한다. 그래서 마태오는 공동체 구성원들에게 유대인 지도자인 "서기관과 바리사이인"보다 더 나은 의를 행해야 한다고 주장하고, 사람들을 내리누르는 이방인 통치자들과는 달리 섬기는 사람이 되어야 한다고 강조한다.

마르코는 기적과 수난 이야기 속에서 예수 그리스도를 재현한다. 예수는 기적을 일으키며 하느님 나라가 이 땅에 힘차게 이미 왔음을 보여주었다. 하느님의 통치는 예수의 권위 있는 말씀과 기적을 통해 분명하게 나타난다. 그러나 예수는 기적과 그 기적이 간접적으로 드러내는 예수 자신의 정체, 곧 그리스도인 자신의 정체를 감추려 한다. 메시아의 본질은 하느님의 영광을 보여주는 데에만 있는 것이 아니기 때문이다. 도리어 수난 속에서 가장 비밀스럽게 감추어져 있던 예수의 정체가 밝히 드러난다. 로마의 백부장은 십자가에서 죽는 예수를 보고, 로마 황제가 아니라 바로 그렇게 수난의 절정을 맞는 예수가 '하느님의 아들'임을 깨닫고 고백한다.

수난당하는 '하느님의 아들'은 하느님의 뜻을 따라 종처럼 섬기고, 또 자신의 백성을 섬기는 데에서 진정한 정체가 밝혀진다. 마르코의 예수 이해에는 마르코 공동체가 처한 상황이 반영되었다. 마르코 공동체는 수난 중에 있었다. 그들에게 기적이 가져다주는 영광이 없었던 것은 아니다. 그러나 그들은 종종 그들의 기적의 영광과 신분을 숨겨야 할 정도로 고된 시련의 시기를 겪고 있었다. 다만, 더 이상 신분의 비밀이 유지될 수 없을 때 그들은 과감히 수난의 현장에 나서야 한다. 수난을 받아들이고, 수난의 골고다로 나아갈 때 그 수치와 모욕의 장소는 놀랍게 그들의 영광과 정체가 가장 선명히 드러나는 곳으로 변한다.

루가는 역사 속에 잃어버린 사람들을 구원하러 온 구원자의 모습으로 예수를 고백한다. 루가 복음서의 가장 큰 특징은 예수와 그의 제자들의 삶이 철저하게 이른바 '일반 역사' 속에서 일어난 일이며, 그것은 저기 구석에서 조그마하게 해프닝처럼 발생한 것이 아니라는 주장이다. 예수의 탄생부터 하느님에게까지 거슬러 올라가는 역사의 사슬 속에서 예수 사건은 발생하였다. 하느님은 역사 속에서 예수를 구원자로 보내서 잃어버린 것들, 잃어버린 사람들을 찾아 회복하고 온전한 기쁨과 잔치의 자리를 마련하려 한다. '잃어버린 것들'이 제자리로 돌아와, 전체가 하나가 되는 회복이 있기 위해서 우선 구원자는 잃어버린 것들을 찾아 나서야 한다. 역사가, 사회가, 문화가, 일반 대중이 한 구석으로 치워놓았던 그것, 그래서 별 볼일 없이 살다가 그저 죽고 마는 그러한 사람들, 아니 적극적인 박해와 수탈의 대상으로, 늘 다른 이들의 타자로 또는 먹잇감으로 살아왔던 이들의 권리와 자리가 확보되어야 한다. 그러기 위해서는 잃어버린 것들의 자리에 과잉되게 존재했던 이들 역시 제자리로 돌아가야 한다. 과잉된 자리를 주장하는 일은 하느님의 뜻에 어긋나며, 회복의 잔치에 참여하지 않으려는 행태도 고발되어 마땅한 죄다. 예수는 십자가에서 죽을 때까지 구원 사역을 쉬지 않는다. 그는 십자가에 달려서도 뉘우치는 '강도'에게 구원을 약속한다. 십자가에 달려 죽는, 로마 지배 체제가 체제 밖으로 폭력적으로 내던지고, 사회적 · 육체적 생명을 끊어내려 하는 그도 마지막 순간까지 예수의 구원 대상이다. 하여 루가 공동체도 구원을 역사 속에서 실행하려 한다. 그들은 선교한다. 지역과 인종, 문화와 종교를 가리지 않는다. 예루살렘과 사마리아와 온 유대와 땅끝까지, 그리스 문화의 정점인 아테네의 아레오파고에서도, 비록 미결수의 신분이지만 제국의 심장인 로마에까지 이르러, 그들은 하느님의 구원이 역사 속에 이토록 자명하고 확실하게 진행되고 있음을 알려야 했다. 또한 그들은 '회복'을 위해 모든 다양성 가운데서도 하나 됨, 곧 한 마음이 되려는 노력을 부단히 경주했다.

요한은 육으로 온 예수에게서 창세 때에 로고스를 보았다. 인간에게서 하느님을 봤다는 고백은 유대인들에게 불가능한 일이다. 그들이 최고로 치는 모세도 그저 하느님의 뒷모습만을 보았을 뿐이다. 하느님을 본 사람은 죽기 때문이다. 그래서 아무도 하느님을 본 사람이 없다. 그러나 하느님 품 안에 있던 하느님이 육으로 온 이 땅, 곧 자신이 손수 지은 세상에 왔고, 요한은 아버지 하느님의 영광과 은혜와 진리가 가득한 예수를 보았다. 육이 된 로고스가 자기 땅에 왔지만, 그의 백성들이 자신들의 주主를 받아들이지 않았다. 어둠은 빛을 이해하지도 못하였고, 그리하여 빛을 배척하려 했지만, 이기지도 못할 것이다. 그러나 로고스를 받아들이는 사람은 하느님의 자녀가 되는 권리를 수여받는다. 그러한 권리를 수여받는 사람은 사실 그들의 뜻대로 된 것이 아니라 원래 하느님으로부터 난 사람들이었음을 깨닫는다. 하느님으로부터 난 사람이니 하느님의 일을 이해하고 받아들이는 믿음을 갖게 되는 것이다. 요한 공동체는 자신들이 하느님의 자녀, 그래서 실상 하늘로부터 난 사람들임을 깨달았다. 주변은 그들을 알아보지 못한다. 그래서 그들은 고립되어 있다. 그렇지만 그들은 주눅 들지 않는다. 핍박과 박해가 극심해져 목숨이 위험해지는 순간이 오지만, 하늘로부터 온 친구들은 서로를 위해 죽어줄 수 있는 서로 사랑의 능력을 가지고 있다. 그들은 안다. '나'라는 한 알의 밀알이 땅에 떨어져 죽어야 한다는 것을. 그러면 그것은 많은 열매를 맺고, 그 열매는 '나'라는 가지에 열린 과실들이다. 나는 그 열매를 통해 영생을 누린다. 예수-보혜사 이후에 온 또 다른 보혜사, 곧 성령-보혜사는 예수가 늘 공동체에 현존하고 있음을 알린다. 부활, 생명, 길, 진리가 현재 체험되는 구원의 공동체가 요한이 가꾸어 나가려던 아버지가 계신 곳이었다. 그들은 세상이 미워하는 대상이지만, 고아는 아니다. 아버지 하느님과 아들 예수가 하나가 되어, 그들 가운데 거한다. 그것은 그들이 하나가 되어 아버지와 아들 안에 거하기 때문이다.

한 산을 두고 금강산, 봉래산, 풍악산, 개골산이라고 하듯, 그렇게 한 예수의 각기 다른 장관을 우리가 본 것일 수도 있고, 예수 그리스도의 거대함이 우리 안에 있는 우리의 모습을 일깨운 것일 수도 있다. '빛보다 더 밝은 빛'이라는 말은 이럴 때를 위해 있다. 하나의 예수 이해와 다른 예수 이해가 우리를 혼란스럽게 하기보다는 서로 다른 빛으로, 그리하여 서로 합하더라도 빛이 된다.

II

그렇다면 저마다의 예수들만이 있고, 공통된 예수 이해는 없는가? 그렇지는 않다. 어느 면으로 보나 우리는 같은 모습의 한 예수를 발견할 수 있다. 그것은 예수의 움직임, 특별히 보행步行에 있다. 예수의 보행을 살피는 일은 신약성서의 신학이나 하느님 나라 등의 뚜렷한 상징 세계를 짐짓 외면하고, 예수의 보행과 그 보행에 깔린 심정이 갖는 보편적이고 기초적인 인간의 형편을 점검하는 일이 될 것이다.

예수는 걸었다. 걷기는 동물로서 인간의 가장 기초적인 운동이지만, 인간이 군집하고 문화를 형성하고 그로부터 생겨난 갖가지 역사와 사건 속에서 경계가 형성될 때 인간의 '걷기'는 동물의 그것과 다른 뜻을 갖게 된다.

예수는 걸어 돌아다닌다. 그는 여느 사람과, 나아가 당시의 '말하고 가르치는 사람'과도 달리 말했고, 그 말에는 다른 사람들을 움직이는 권위가 있었다(마르 1:22). 예수가 살던 때에 말로써 다른 사람들에게 뚜렷한 영향력을 미치는 사람은 '랍비'라고 불렸다. 그러나 보통의 '랍비'는 돌아다니지 않는다. 이것은 랍비는 걷지 않는다는 생물학적 의미가 아니다. 랍비도 일상생활 속에서 걸었을 것이다. 그러나 그 걸음은 랍비가 아닌 다른 사람의 걸음과 다를 바 없다. 반면 예수는 선생으로서 걸어 돌아다녔다. 랍비는 흔히 앉아서(마태 23:2) 그의 권위를 보여주며, 그의 발이 아니라 가르침이 널리 퍼져나가 제자들이 그에게 걸어오도록 했다. 그러나 예수가 제자들과 맺는 관계는 결코 그에게 '나아오게' 하는 방식이 아니라 '나를 따르라', 곧 같이 걷는 방식이었다(마르 10:52, 요한 6:66 - 제자란 예수와 함께 다니는 사람 외에 다름이 아니다).

예수는 왜 머물지 않고 걷는가? 왜 그는 붙잡는 사람들을 피해 다른 곳으로 가는가? 모든 사람이 예수를 찾는다는 전갈을 받았을 때 그는 "우리가 다른 가까운 마을들로 갑시다. 거기서도 [하느님의 나라 혹은 하느님 나라의 복음을] 선포하도록 말입니다. 내가 이것 때문에 왔습니다"(마르 1:38)고 답한다. 그는 환영해주는 곳에 머물지 않고, 걸어서 다른 곳으로 간다. 걸어서 다른 곳으로 가고, 그곳에서도 하느님 나라를 선포하려 한다. 그런데 그 발걸음의 두 가지 특징에 주목하게 된다.

첫 번째 특징은 그의 발걸음이 '회복'과 밀접히 연결되어 있다는 것이다. 특히 마태오 복음서가 예수의 걸음을 회복 주제와 특징적으로 연결하였다. 마태오는 예수가 '이스라엘의 땅'을 돌아다녔다고 주장한다. 이것이 당연하게 들릴지 몰라도, 정치적으로 볼 때 예수가 돌아다닌 땅은 '이스라엘'에게 주어진 '약속의 땅'이 아니라 로만 시리아, 곧 로마의 식민지였다. 가령 누군가 예수가 잠시 정착한 적이 있는 가버나움에 사는 베드로에게 편지를 보낼 때 "스불론과 납달리 지파의 땅 가버나움 2012-10번지 베드로 앞"으로 쓰면 그 편지는 발신인에게 반송될 가능성이 크다. 그곳은 정치적으로, 또 행정 구역상 "로만 시리아"였고, 이미 베드로 장모의 집이 있는 곳도 '갈릴리' 바다 가버나움이 아니라 "'티베리우스'(개정개역에는 디베랴, 이것은 로마 황제 티베리우스를 기려서 헤롯 안티파스가 새롭게 붙인 도시의 이름이다. 요한 6:1, 23, 21:1) 바다 북쪽 편 가버나움" 이었다. 그런데 예수의 걸음을 보여주는 마태오 복음서 저자는 예수가 '이스라엘의 땅'을 돌아다녔다고 강조한다.

로마가 다스리는 그곳, 사람들을 마구 내리누르고 자기 멋대로 행패를 부리는 통치자들(마르 10:42)이 통치하는 "죽음의 그늘진 땅"(마태 4:16) 곳곳으로 예수는 걸어 다니며 하느님 나라를 선포하고, 사람들에게 그 땅에 임한 하느님의 통치를 경험하게 한다. 이를 통해 그곳은 다시 '이스라엘의 땅'이 된다. '유다 지파 땅인 베들레헴'(마태 2:1)에서부터 '스불론과 납달리 지파의 땅인 가버나움'(마태 4:13, 15)으로, 마침내 하느님이 구별한 '거룩한 도시'인 예루살렘으로 간다. 이것은 회복의 역사를 말하는 것이고, 이 회복은 하느님의 통치의 임재와 그로부터 비롯되는 특징적인 두 가지 곧 악한 세력의 퇴치(축귀)와 연약함의 회복(치유)을 가져온다. 또한, 이러한 보행은 하느님과 인간의 화해, 인간과 인간의 화해를 동시에 목표로 한다. 로마 제국이라는 군사와 착취의 세력이 새롭게 자기 식대로 이름 붙인 그 땅을 약속의 땅, 곧 그의 뜻이 이루어질 땅으로 회복하는 것이다. 탐욕과 폭력이 그어놓은 줄이 예수의 발에는 보이지 않는다. 예수는 이렇게 걸었고, 그렇게 걷고 있는 자신을 따르라고 '길에서' 사람들을 부른다.

예수 걸음의 두 번째 특징은 그의 걸음이 인위적인 경계에 아랑곳하지 않고 그의 마음을 실어 나른다는 데에 있다. 그는 경계를 알지 못하는 새처럼 사람들의 증오와 차별, 이권이 갈라놓은 역사적 지리를 가로지른다. 그는 유대인들에게 혐오와 부정의 상징이었던 사마리아에 가고, 갈릴리 출신에게 허영과 위선, 적대의 땅일 수 있는 예루살렘에도 간다. 그뿐 아니라 그는 싼값에 갈릴리의 곡물을 사고 비싼 값에 다른 곳에 파는 무역 도시, 욕심이 더덕더덕 붙은 기름진 도시인 두로와 시돈에도 간다. 부정하고 더러운 귀신들이 거처하기에 좋은 거라사를 포함한 데카폴리스의 여러 도시에도 간다(마르 5:1, 7:24, 31). 그리고 경계 안에서나 경계 밖에서나 동일한, 아니 동일해야 할 한 원칙에 따른다. 그것은 바로 인人의 마음, 곧 측은지심惻隱之心이다.

예수는 이스라엘 땅을 돌아다니며 측은지심에 따랐다. 그것은 물론 일차적으로 민중을 향한 것이었다. 복음서 저자들은 예수가 무리를 '불쌍히 여겼다'(스프랑크니조마이σπλαγχνίζομαι)고 거듭거듭 기록한다(마태 9:36, 14:14, 15:32, 18:27, 20:34, 마르 1:41, 6:34, 8:2, 루가 7:13, 10:33). 예수의 이 마음은 온갖 허식의 종교적 규례와 규례가 만든 우상숭배적 기만과 억압을 간파하게 하였다. 예수는 아파하는 그 마음, 곧 하느님의 마음으로 종교적 기망의 덫에서 빠져나와 적나라한 오감으로 사물과 사태를 정직하게 관찰하고, 그 가운데 현묘하게 발생하는 측은지심을 자꾸자꾸 넓게 하였다.

경계를 뛰어넘는 예수의 걸음은 바로 '아파하는 그 마음' 혹은 '불쌍히 여기는 그 마음', 아니면 '차마 하지 못하는 그 마음'의 확장과 관련이 있다. 그는 어디를 가더라도 측은지심을 놓치려 하지 않았기 때문이다. 이것이 복음의 핵심임을 극적으로 보여주는 장면이 바로 마르코 복음서와 마태오 복음서에 나오는 수로보니게 여인(마르 7:24~30) 혹은 가나안 여인(마태 15:21~28)의 이야기다.

여기서 예수는 완고한 인종주의자로 나온다. 일부 학자는 이러저러한 변명으로 예수의 인종주의적인 언행을 변호하려 하였다(그림 31를 보라). 가령 예수가 '개'라고 그 여인을 암시했을 때, 그 '개'는 애완견이나 주인의 사랑을 받는 개라는 식으로 말이다. 그러나 인격을 가진 사람은 제아무리 사랑을 받더라도 누군가의 '개'일 수는 없다. 적어도 이방인 여인을 '개'라고 하는 순간 예수는 유대인 인종 중심주의에서 한 치도 벗어나지 못한 인물이다. 다시 말해 고생 끝에 거둔 곡식을 헐값에 사고는, 그것을 다른 곳에 비싸게 팔아서 두둑한 이익을 남기는 시돈과 두로 사람들을 '개'라고 부르던 갈릴리인들의 인식과 가나안 여인/수로보니게 여인을 대하는 예수의 인식은 다를 바 없다. 나아가 그는 자신을 "이스라엘 집의 잃어버린 양 이에 다른 데로"(마태 15:24) 보냄을 받은 적이 없다고 단언한다. 이것은 예수의 마음이 이스라엘 가운데서도 '잃어버린 이들'에게 한정되어 있음을 알려준다. 그러나 예수가 인종적 혐오감과 경제적 부정의로 잃어버린 혹은 짐짓 잊은 체하는 '아파하는 그 마음'은, 고통 속에 있는 딸을 향한 사랑으로 자신을 기꺼이 '개'로 낮춘 어머니의 간구 앞에서 더는 지속되지 않는다.

그림 31 장 콜롬브Jean Colombe, 《가나안 여인》, 29×21cm, 책에 그린 채색화, 콩데 미술관.

화면은 크게 둘로 나뉘어 있다. 위 장면에 예수는 가나안 여인의 간청에도 불구하고 완전히 몸을 돌려 버린다. 제자들도 예수의 태도가 당혹스럽고, 또 여인이 안쓰러웠는지 한 제자가 적극적으로 나서 예수에게 여인을 향해 돌이키라고 요청하는 자세를 취한다. 화가는 예수와 제자들을 왼쪽에 몰아넣고 여인은 화면 오른편에 홀로 있는 것으로 그린다. 문자 그대로 여인에게는 '아무도 없다.' 그저 여인이 짊어져야 할, 그리고 사랑할 수밖에 없는 아픈 딸이 있을 뿐이다. 그 딸은 화면 맨 오른쪽에 누워서 간절히 손을 모으고 있다. 얼굴은 창백하여 병색이 완연하다.

화면 아래는 여인의 자기 낮춤과 사랑에 마음을 돌이킨 예수가 여인에게 딸의 치유를 선언하는 장면이 나온다. 끝까지 무릎을 꿇었던 여인의 사랑을 위한 자기 낮춤이 드디어 힘을 발휘한다.

여인은 자신을 '불쌍히' 여겨 달라고ἐλέησόν με, 자신에게 자비를 베풀어 달라고 요청한다(마태 15:22). 사랑 때문에 자신을 한없이 낮추는 삶의 방식은 예수의 길을 가장 명료하게 요약하는 것이다. 인종주의자 예수와 가나안/수로보니게 여인이 만난 그 장면에서 예수처럼 행동한 사람은 예수가 아니라 바로 그 여인이었다. 여인의 간청은 예수의 '불쌍히 여기는 그 마음'을 되살려 놓았다. 예수는 여인을 향해 '네 믿음이 크다'고 칭찬한다. 여인의 믿음은 무엇일까? 사랑하기 위해, 사랑을 실현하기 위해 자신을 낮추는 것이 가장 힘을 갖는다는, 그리고 그 믿음 앞에 이스라엘의 하느님과 그의 대리자인 예수는 반응한다는 추정이 가장 설득력이 있다. 결국 '아파하는 그 마음'에 호소하고, 그 마음을 움직이게 놓아 두는 것 외에 인종과 경제가 갈라놓은 그 사이를 메울 것이란 아무것도 없었다.

III

예수는 하느님의 마음, 곧 아파하는 그 마음으로 걸었다. 바람이 그물에 걸리지 않듯 불쌍히 여기는 그 마음은 인간이 만들어놓은 여러 이념과 편견, 경계를 알지 못한다. 원래 일체의 사랑이란 경계의 소멸로부터 시작한다. 예수는 걷고 걸으면서 무리를 불쌍히 여겼고, 불쌍히 여기는 그 마음을 회복하라고 사람들을 가르쳤다. 때로 그가 그 마음을 잃었을 때 사랑으로 자신을 낮추는 한 여인이 나타나 예수의 스승이 되어주었다. 우리의 배움은 하느님의 그 마음을 내 마음에 담는 마음공부에서 벗어나지 않는다.

나가는 말

사람들이 자리를 잡으면 극장 안은 어둠으로 가득 찬다. 갑자기 밝은 조명이 일시에 들어오면서 뮤지컬이 시작되자 무대에 한 여인이 홀로 나와 기쁨에 겨운 목소리로 노래한다. 하늘거리는 춤을 곁들인 노래는 이렇게 시작된다.

> 나에게 입 맞춰 주세요. 숨 막힐 듯한 임의 입술로. 임의 사랑은 포도주보다 더 달콤합니다. 임에게서 풍기는 향긋한 내음. 사람들은 임을 쏟아지는 향기름이라고 부릅니다. 그러기에 아가씨들이 임을 사랑합니다. 나를 데려가 주세요. 어서요. 임금님. 나를 데려가세요. 임의 침실로. (아가 1:2~4)

오감五感의 풍요가 동원된 이 노래는 이내 여인의 사랑을 함께 기뻐하고 축복하는 친구들이 코러스로 화답한다.

> 우리는 임과 더불어 기뻐하고 즐거워하며, 포도주보다 더 진한

> 임의 사랑을 기리렵니다. 아가씨라면 누구나 임을 사랑할 것입
> 니다. (1:4)

코러스에 더욱 자신감을 얻게 된 사랑에 빠진 여인은 자신의 아름다움을 한껏 자랑한다.

> 예루살렘의 아가씨들아, 내가 검어서 예쁘단다.
> 게달의 장막 같고 솔로몬의 휘장 같다는구나. (1:5)

이 여인의 자기도취는 얄밉지 않고 도리어 여인에게 어여쁨을 더한다. 허나 여인은 자신의 임이 어디에 있는지 지금 알지 못하는 처지다. 연인은 어디에서 양 떼를 치는지 말해주지도 못하고 일을 하러 떠났다. 그러니 여인은 어디에 연인이 있는지를 물을 수밖에. 친구들은 다시 한번 등장해서 양 떼의 발자취를 뒤따라가라고 조언한다(1:7~8). 여인이 양 떼를 찾느라 무대 주변을 서성이다가 무대에서 사라지면, 어느새 장면이 바뀌고 한 멋진 남자가 양 떼를 몰고 한가로이 거닌다.

남자는 양 떼를 치다가 저기 멀리서 뛰어오는 한 여인을 발견했다. 그 뛰어오는 태態가 파라오의 병거를 끄는 흑갈색 건강한 말에 비견될 만하다(1:9). 바로 자신의 연인이었다. 남자는 여인의 머리 모양부터, 두 볼, 그리고 목에 이르는 그윽한 매끄러움을 찬사한 뒤(1:10) 여인이 사랑 노래를 부르며(1:12~14) 가까이 오자 비둘기 같은 눈동자를 한없이 사랑스럽게 바라본다(1:15). 둘은 서로에게 감

격한 후 푸른 풀밭을 침실로 삼고, 백향목이 들보이며 전나무가 서까래인 '집'으로 든다(1:16~17).

이어지는 이야기에서 뮤지컬은 줄곧 여인의 주체적인 사랑을 그려 나간다. 위험이 닥쳤을 때도 마찬가지다. 둘 사이에 '여우'가 들어와 둘이 만든 사랑의 포도원을 휘젓고 다녔다. 한두 마리가 아니라 '여우 떼'가 둘이 일군 정원을 파헤친다(2:15). 이 여우는 아마 둘과도 가까운 사이일 것이다. 대놓고 하지는 않지만, 이 여우들은 둘의 사랑을 시기하고 질투하고 탐내면서 둘이 서로 오해하다가 헐뜯으면서 헤어지기를 바란다. 둘의 사랑이 식기를 바란다. 그러나 그때 여인은 연인을 향한 자신의 사랑을 더욱 강력하게 노래한다. 어떤 일이 있어도 "임은 나의 것, 나는 임의 것!"(2:16). 어둑한 밤이 둘의 사랑을 흐릿하게 만들면 밤새도록 온 성읍을 돌아다니며 자신의 사랑을 샅샅이 뒤져 찾고야 만다. 기어코 찾아내면 "놓칠세라 그를 꼭 붙잡고, 나의 어머니의 집으로 데리고 갔다"(3:4). 때로 밤에 임을 찾아 나서다 성읍을 순찰하는 야경꾼들에게 봉변을 당하기도 한다(5:7). 그러나 야경꾼들에게 맞아서 상처 난 몸보다 더 아픈 것이 있다. "부탁하자, 예루살렘의 아가씨들아, 너희가 나의 임을 만나거든, 내가 사랑 때문에 병들었다고 말하여다오."(5:8) 그러니 남자 연인은 감탄하고 놀란다.

> 이 여인이 누구인가? 새벽처럼 밝고, 보름달처럼 훤하고,
> 해처럼 눈 부시고, 깃발을 앞세운 군대처럼 장엄하구나! (6:10)

뮤지컬의 마지막은 연인을 찾아 홀로 떠났던 여인이 "사랑하는 이에게 몸을 기대고, 벌판에서 이리로 오는" 장면으로 막을 내린다. 여인은 홀로 떠났지만 사랑을 찾아 그와 함께 벌판을 건넌다. 함께 오는 둘은 이제 서로에게 깊이 새겨져 있다. 도장 새기듯 여인은 남자의 마음에 새겨졌다. 죽음도 넘어설 만큼 강력한 사랑의 힘은 간혹 시샘의 잔혹함으로 빗나갈 때도 있겠지만 그것은 너무나도 가치 있는 것이다(8:6~7). 어떤 바보는 자기 집 재산을 다 바치면 사랑을 얻을 수 있다고 생각하지만(8:7) 오히려 웃음거리만 될 뿐이다. 사랑은 그런 것이 아니다. 환희의 샘은 사랑으로만 열린다. 이제 남자는 청혼을 할 것이고 여인은 그 청혼을 받아들일 준비가 되어 있다.

처음처럼 이 뮤지컬은 연인을 부르는 여인의 기쁨에 찬 노래로 끝난다.

> 임이여, 노루처럼 빨리 오세요.
> 향내 그윽한 이 산의 어린 사슴처럼, 빨리 오세요. (8:14)

아름다운 아리아가 절정으로 치솟다가 마무리될 때 우리는 함박웃음을 지을 수 있다. 그리고 말할 것이다. "이 여인만큼 삶과 사랑을 긍정한 여인이 또 누구일까?"

고갱의 《우리는 어디로부터 왔는가, 우리는 무엇인가, 우리는 어디로 가는가》로 시작한 여정을 마무리할 성서 본문과 그림으로는 아가서와 샤갈의 그림이 알맞다. 고갱의 질문을 받고 서서 우리

그림 32 마르크 샤갈, 《아가 Ⅳ》, 1958, 50×61cm, 캔버스에 유화, 국립 마르크 샤갈 성서 박물관 © Marc Chagall / ADAGP, Paris – SACK, Seoul, 2022.

는 그 대답을 찾아 이리저리 궁리해 보다가 허무의 나락으로 떨어질 수도 있다. 그러나 성서를 읽고 또 읽다 보면 우리는 삶과 사랑을 긍정하는 성서의 근본 메시지를 찾을 수 있다. 얄팍하고 감상적이며 낭만적인 긍정이 아니다. 애써 가꾼 정원이 여우 떼에 의해 망가진 허탈한 곳에서 일어나는 긍정이다. 야경꾼들에게 맞아 피 흘리는 몸이지만 결코 굴복하지 않는 마음의 소망이 끌어낸, 사람을 향한 끄덕임이다. 퇴폐적이거나 자폐적인 맴돌이질에서 벗어나 '깃발처럼 장엄한' 삶의 근육이 만들어낸 힘이다.

샤갈은 지금의 벨라루스 공화국에서 1887년에 태어났다. 소시

민을 부모로 두었지만 어렸을 때부터 화가의 재능을 보였고 넉넉하지 않은 환경에서도 그의 어머니는 9남매 중 맏이를 적극적으로 후원했다. 부모 모두 유대인이었고 유대식 이름인 모이셰 샤갈Moyshe Shagal이 본명이었으나 그는 이후 마르크 샤갈Marc Chagall로 개명했다. 그러나 개명했다 하더라도 그의 출신이 지워진 것은 아니었다. 그가 태어난 비테프스크는 러시아 유대인 거주 지역으로 화가 샤갈의 영원한 그림의 고향이 된다. 유대인, 러시아 동방정교회의 성화 그리고 지역의 민속 예술은 파리로 옮겨간 후에도 샤갈에게 계속 영향을 준 요소들이다. 그는 시대의 화풍과 굳이 타협하지 않았다. 마르크 샤갈이라는 개명도 1910년 파리로 옮겼을 때 이루어졌고, 그는 환상과 공상으로 이루어진 자신의 미술 세계를 더욱 강화했다.

샤갈은 러시아 혁명으로 러시아를 떠났고, 제2차 세계 대전이 일어난 뒤에는 유럽을 떠나 미국에 안착했다. 전쟁 후 샤갈은 생존 화가로 루브르 박물관에 작품이 걸리는 명예를 누렸고 마지막 삶도 자신에게 대십자 훈장을 수여한 프랑스의 생폴 드 방스에서 마감했다. 사람들은 그의 작품을 현실을 넘어선 공상과 상상의 세계라고 평했지만, 샤갈은 늘 자신은 비이성적인 공상을 그린 것이 아니라 자신이 겪은 실제의 기억과 추억을 그린 것으로 주장했다고 한다. 그렇다. 그는 실제의 기억과 추억을 그렸을 것이다. 우울과 일상의 강력한 중력이 아니라 그는 사랑과 상상을 실제로 알고 살았을 것이다. 샤갈에게 아가서의 연인은 당연히 일상의 중력을 이기고 하늘을 난다(그림 32). 하늘을 나는 흰 말은 금빛 날개를 하고

앞발에는 꽃을 들어 연인의 사랑을 축복한다. 남자는 왕관을 쓴 왕이거나 왕자이고, 여인은 순백색의 드레스를 입고 있는 신부다. 만물은 연인의 사랑을 한껏 축하하고 기뻐한다. 왼편 위쪽의 천사는 나팔을 불고 새도 함께 난다. 나팔 소리를 들은 이들은 제각기 여러 자세로 연인의 사랑을 바라본다. 듣지 못한 이들은 각자의 삶을 산다. 태양은 일상을 사는 이들의 마을에 떠오르는데, 연인이 탄 말은 해보다 높게 날고 있다. 화면 오른편에 여인은 몸을 다 드러내 놓고 잔치를 준비하는 듯하다. 하늘에는 태양과 보름달과 같은 빛을 내는 둥근 두 개의 발광체가 있다. 일상의 태양과는 다른 빛이 연인을 비추는 것이다. 이것은 삶의 환희이고 사랑을 즐거워하는 것이며 샤갈의 '기억'이기도 하다. 근원의 기쁨이 삶의 주름 속에서 피어난다. 성스러움과 아름다움은 입 맞추며 그 행복을 서로에게 이야기한다.

보론

이미지와 종교, 종교적 시각 문해력 서론
- 선사시대부터 종교개혁까지*

Ⅰ. 서언

계몽주의 이후 학자들은 종교의 쇠락 혹은 몰락을 예언했다.[1] 니체 이후 '신의 죽음'의 시대가 열린 듯 보였고, 이 '예언 행위'는 실제 통계와는 상관없이 계속해서 이어지다가 1960~70년대에 절정을 이루었다. 가령 하비 콕스Harvey Cox는 1965년 종교가 세속 도시에서 사라지리라고 전망하였다.[2] 그러나 그로부터 30년 후 그는 자신의 예견이 틀렸고, 그리스도교가 도리어 부흥하는 현상과 21세기 종교의 재편을 말해야 했다.[3] 이제 종교에 대한 전망은 극

* 이 보론은 김학철, '이미지와 종교, 종교적 시각 문해력 서론 - 선사시대부터 종교개혁까지', 「한국기독교신학논총」 118 (2020), 537~565을 수정한 것이다.

1 특별한 언급이 없는 한, 이 글에서 '종교'는 주로 서양 종교인 그리스도교를, '신학'은 그리스도교 신학으로 한정한다.

2 Harvey Cox, *The Secular City: Secularization and Urbanization in Theological Perspective* (New York: Macmillan, 1966) 『세속도시』(문예출판사)

3 Harvey Cox, *Fire from Heaven: The Rise of Pentecostal Spirituality and the Re-shaping of Religion in the 21st Century* (Reading, Mass. : Addison-Wesley Pub., 1995) 『영성 음악 여성』(동연)

적으로 바뀌었다. "2050년까지도 그리스도교인과 이슬람교도의 비율은 3대 2 정도일 것으로 예상한다. 이때 세계 인구의 34% 정도가 그리스도교인일 것이고, 이 비율은 유럽이 세계를 제패하던 1900년과 대략 비슷할 것이다."[4] 이에 이른바 '종교 문맹'religious illiteracy을 극복하는 과제가 한층 더 중요해졌다.

종교 문맹이란 세계 종교 전통에 대한 기본 이해가 부족하고, 사회적/역사적 맥락에서 융합하고 전개된 전통의 표현과 신앙의 다양성을 충분히 인지하지 못하며, 종교가 동시대와 역사에 걸쳐 인간 사회, 문화, 정치 영역에서 수행한 중요한 역할을 파악하지 못하는 것을 뜻한다. 여러 이유에서 확대되는 종교 문맹은 다원주의, 평화로운 공존과 지역, 국가, 세계 여러 영역에서 협력을 방해하는 편견과 갈등을 극심하게 조장한다. 따라서 중등 및 고등 교육에서 종교 문해력을 기르는 일이 시급하고 중요하다는 주장이 힘을 얻는다. 나아가 종교 문해력은 인간 이해라는 여러 학문의 궁극적 목표에 도달하기 위해 필수적으로 갖추어야 할 능력이라고 할 수 있다. 호모 사피엔스Homo Sapiens는 호모 렐리기오수스Homo Religiosus와 다르지 않기 때문이다.

'종교적 시각 문해력'은 시각적 문해력visual literacy을 종교적 혹은 영적 전망에서 이해하려는 시도다. 간략히 정의하면 시각적 문해력은 이미지를 만들고, 이해하고, 내면화하고, 그것을 의사소통하는 능력을 뜻하는데, 종교적 시각 문해력은 시각적 문해력에 종교

---

[4] 필립 젠킨스, 『신의 미래: 종교는 세계를 어떻게 바꾸는가?』(도마의 길, 2009), 26.

적 전망을 추가하는 것이다. 종교적 전망은 이미지의 창조, 이해, 수용, 소통 과정에 이바지한다. 이것은 종교 문해력의 필수적인 부분일 뿐만 아니라 인류의 역사와 문화사의 차원에서 보아도 진지하게 고려해야 할 사항이다. 그러나 이에 관한 연구가 부족했던 것은 사실이다. 이 보론은 종교 이미지와 종교적 시각 문해력에 관한 이해와 학문적 관심을 촉구하는 것을 목적으로 한다. 이를 위해 종교 이미지의 역사를 제시하려 한다. 종교 이미지의 시원, 종교 이미지와 관련된 논쟁, 종교개혁과 이후 전개된 시각예술이 종교적 메시지를 담아내는 방식을 살핀다. 이는 종교적 시각 문해력의 서론적 시도다.

II. 종교와 이미지의 시원 - 이미지의 존재론적 성격

1990년대 중반부터 터키 남동부에 자리한 아나톨리아 지역을 연구하던 독일의 고고학자 클라우스 슈미트Klaus Schmidt 연구진은 인류 문명에 관한 기존 통념에 도전하는 고고학 유적지를 발굴했다. 괴베클리 테페라고 불리는 그곳은 높이 15m, 지름 300m에 달하는 언덕으로 몇 개의 고고학 층으로 구성되어 있는데, 가장 오래된 층은 기원전 10000~8000년에 형성되었다.[5] 이 시기는 고고학적

[5] 괴베클리 테페의 공식 소개 홈페이지가 있다. http://gobeklitepe.info. 또 개략적인 정보를 얻기 위해서는 다음을 참조하라. Avi Bachenheimer, *Gobekli Tepe: An Introduction to the World's Oldest Temple* (San Francisco: Blurb, Incorporated, 2018)

으로 '토기 이전 신석기 A'Pre-Pottery Neolithic A 시대, 말 그대로 인류가 토기를 만들어 사용하기 전 수렵 채집의 시대다. 현재 그곳에는 높이 3~6m, 무게 40~60t에 달하는 200개 이상의 T자 모양의 거석들이 있는데, 대략 10개의 거석이 하나의 원을 이루는 무리 원이 20여 개가 발굴되었다. 두 번째 층인 대략 기원전 7600~6000년경 '토기 이전 신석기 B'PPNB 시대 층에는 이전 것보다 작고 사각형 형태로 거석이 늘어져 있다. 이곳은 여전히 발굴 중이다.

슈미트는 그 옛날 괴베클리 테페에 찾아온 사람들이 최대 150km 밖에서 왔다고 추정한다. 연구에 따르면 이곳은 도시나 시장이 아니라 신전이었다. 슈미트는 인류의 문명사에서 "신전이 탄생하고 다음에 도시가 왔다"라고 이 유적의 역사적 중요성을 강조했다. 신전, 곧 신을 예배하기 위해 사람들이 먼 곳으로부터 찾아와서 그곳에 모여 제사를 지냈다. 그리고 모인 사람들의 편의를 위해 도시의 최초 형태가 생겨나고 이후로 정착 문명이 발생한 것이다. 이러한 고고학적 사실은 사회가 종교를 필요로 한다는 프랑스 사회학자 에밀 뒤르켐Emile Durkheim 주장의 정반대 증거다.

종교적 욕망, 그러니까 제의를 하고자 하는 욕망이 조형물을 만들었고, 조형물을 통해 사람들이 더욱 모였으며, 모인 사람들의 먹고 자는 것을 위해 주거 터와 주거 양식이 생겨난 것이다. 공동체와 통합 이념은, 괴베클리 테페에 모인 수렵 채집인들이 기둥을 만들고 그곳에 들어갈 이미지를 생각하며 실제로 조소하는 과정에서 축제를 벌일 때 탄생했다. 이것은 종교가 인간 문명의 이미지 탄생에 결정적인 영향을 미쳤다는 매우 오래된 주장을 강력히 뒷받침

하는 증거다. 그런데 이러한 고고학적 결론에 이르게 된 과정에서 중요한 능력은 종교적 시각 문해력이다.

괴베클리 테페의 여러 조형물은 해석을 요구한다. T 모양의 거석은 무엇을 뜻하는가? 그것들은 왜 원을 그리게 배치되었고, 원 가운데 두 개의 기둥은 무엇인가? 왜 특정한 이미지들은 T 모양의 거석에 새겨진 것인가? 괴베클리 테페의 이미지에 대한 이전의 주요 해석은 인간의 생존과 관련되어 경제적 혹은 진화적 시각에서 이루어졌다. 곧 이미지들은 인간과 동물 사이에 폭력 주제로 해석되었다. 실제로 고고학계의 이미지 해석에서 폭력은 주요한 해석틀이었다. 가령 '그림 33'을 보자.

이 기둥 옆면에는 포식자(표범 혹은 사자)가 높게 부조되어 있고, 부조된 포식자 바로 아래 먹잇감(멧돼지)이 낮은 부조로 새겨 있다. 이것은 쉽게 포식자의 사냥 장면을 보여주고, 따라서 포식자의 위계와 힘을 상징하는 것이라고 해석되었다.[6] 또 이것은 당시 인간과 인간 사이의 계급(포식자/지배자와 피포식자/피지배자)이 탄생하는 것으로 이해되기도 했다. 그러나 종교적 차원에서 설명하려는 연구자들은 그것들을 제의, 인간과 동물 사이의 (영적) 연계 개념, 애니미즘적 존재관, 샤머니즘의 차원에서 해석할 것을 제안했고, 이후 대체의 경향은 그러한 해석이 적합하다는 결론에 이르게 되었다.[7]

나는 종교적 전망에서 '그림 33'의 부조가 힘보다는 세상에 대

6 M. Benz, & J. Bauer, 'Symbols of Power - Symbols of Crisis? A Psycho-social Approach to Early Neolithic Symbol Systems', *Neo-Lithics* 2(2013), 11~24.

7 앞의 논문, 313.

그림 33 인클로저 C의 기둥 27Pillar 27 in Enclosure C

한 그들의 감각, 다시 말해 존재의 질서에 대한 이해를 반영한다고 생각한다. 포식자와 피포식자 부조가 새겨진 기둥은 다른 거석들과 함께 원을 이루는데, 그 원은 제의 참가자들이 살아가는 세상과 생명의 원동력을 형상화한다.[8] '그림 33'의 기둥은 세상 질서의 한 부분을 은유한다. 그 기둥은 포식자와 피포식자의 먹고 먹힘이 일어나는 세상이 무엇을 의미하는지 알려준다.

[8] "원은 생명의 원동력이며 궁극적인 완전성의 상징"으로 오랜 시간 동안 종교적 힘을 가졌다. 이정구, 『성상과 우상 - 그리스도교 이미지 담론』(동연, 2012), 137. PPNA의 '원'이 PPNB의 '사각형'으로 바뀐 것은 우연이 아니다. 원이 공간적으로 '하늘'을 상징한다면 사각형은 '땅'을 상징한다.

샤먼은 포식자를 대행하여 제물로 바쳐진 피포식자를 죽이고 해체한다. 이후 그것을 제의 참가자들과 함께 먹으면서 먹고 먹히는 세상을 포식자의 위치에서 재현한다. 이후 포식자의 대리인인 샤먼은 자신이 먹은 피포식자를 기억 혹은 기념하게 한다. 우리에게 먹힌 것은 우리의 피와 살이 되어 다름 아닌 우리가 된다. 이때 피포식자의 희생으로 그 자리에서 함께 제물을 나누어 먹은 사람들은 피포식자에 대한 고마움을 느끼고, 또 피포식자를 함께 먹으면서 일체감을 형성한다. 원을 구성하는 다른 거석들에는 당시 그 지역의 생태를 구성하는 여러 동물과 기하학적 문양이 그려져 있다. 그것들 역시 기둥마다 제의 참가자들에게 세상과 그것의 질서, 또 그 안에서 인간이 마땅히 생각하고 느끼는 감정을 조형한다. 동물들이 그려진 거석의 원 안에 앉아서 사람들은 포식자로 피포식자를 먹을 뿐 아니라 다른 동물들의 현존을 경험하며 혹은 다른 동물이 된다(그림 34). '원'의 공간에서 중심과 주변과 테두리가 생기고, 그러한 '좌표'에서 제의 참가자들은 자신의 위치를 확인하고 세상에 안착한다. 나아가 제의 참가자들은 제물을 허락해 준 신적 존재에 대한 경의와 감사를 표한다.

이미지의 창조는 먹고 먹히는 힘의 관계보다 더 근원적인 존재론적 차원에서 비롯되었다. 수렵채집인들은 이미지로 세상을 재현하고, 그 이미지는 독립하여 객관화되고, 이후 제의 참가자들에게 내면화되어 참가자들은 그것으로 소통한다. 이것은 인간이 이미지를 만들려고 했던 존재론적 출발점과 그것의 심리적 기능과 사회적 수행 방식을 알려준다. 이미지의 탄생 시원에 종교가 있었다는

그림 34. 이것은 신석기 시대의 다른 곳에서 나온 그릇에 새겨진 춤추는 형상이다. 양옆에는 인간이 춤을 추고, 가운데는 거북이가 등장한다. 두 사람은 맥주를 마시고 춤을 추면서 거북이로 의식이 변환되는 경험을 하는 것으로 보인다.

사실은 종교적 시각 문해력이 이미지 이해에 필수적인 능력임을 확인해 준다.

종교의 신화는 문학으로, 제의는 극劇으로, 제의 음악은 일반 음악으로, 제단이나 신전 건축은 일반 시각예술과 건축으로 파생되었을 것이고, 사제 혹은 샤먼은 이야기 구술자, 가수, 행위예술가를 겸하였을 것이다. 괴베클리 테페의 조형물들은 이러한 주장의 근거를 보여주며, 이미지의 탄생이 종교, 공동체, 공동의 이념의 역학 관계 속에서 이루어졌다는 것의 증거라고 할 수 있다.

이미지의 탄생이 종교적 근원에서 비롯되었다는 점을 생각하면, 이미지에 대한 가장 강렬한 반대가 종교 영역에서 일어났다는 사실은 역설적이다. 고고학과 역사에서 확인할 수 있는 가장 오래된 성상파괴는 고대 이집트 역사에서 아케나텐Akhenaten(재위 기원전 1350~1334년)이 주도했다. 아케나텐은 태양의 신 아톤 외에 다른 신의 신상을 파괴했다. 그것은 종교적 신앙과 정치적 주도권을 둘러싼 그의 계획에서 비롯되었다. 그러나 아케나텐이 죽고 나서 상황은 역전되었다. 그의 후임 파라오들은 전통적인 이집트의 여러 신상을 다시 제작하여 숭배했고, 반대로 아케나텐의 상像을 훼손하고, 그를 파라오의 명단에서 삭제하기도 하였다. 후임자들이 아케나톤 상의 전부가 아니라 일부를 절단한 이유가 흥미로운데, 이것은 그가 사후 부활하여 자신을 대적한 이들에게 복수하지 못하도록 하기 위해서였다.

아케나텐과 이미지가 얽힌 역동적인 관계는 이미 청동기 시대 이전에 이미지가 종교, 정치, 그리고 주술적 사고와 한 데 얽혀 있었다는 점을 시사한다. 이미지는 정치, 종교, 사회의 '힘' 및 '실재'와 뗄 수 없게 연결되었고, 지배자들은 이것을 다룰 줄 알아야 했다. 이미지와 관련하여 가장 격렬한 논쟁을 벌인 종교는 그리스도교와 이슬람교다. 가령 그리스도교의 경전인 성서에는 이미지에 대한 최대의 긍정과 최대의 부정이 동시에 있다.

성서의 전반부인 구약에서 이미지에 대한 최대의 긍정은 신이 인간을 자신의 형상צֶלֶם, εἰκών, imago과 모양דְּמוּת, ὁμοίωσις, similitudo으로 만들었다고 반복해서 강조하는 데에 있다(창세 1:26~27). 인간이 신의 형상/모양으로 창조되었다는 선언은 인간이 곧 신상神像이라는 뜻이고, 인간이 거주하는 곳이 신전이라는 의미다. 신전에 신상을 모시던 당시 고대 근동의 주변 종교들과 비교하면 이것은 대단히 혁명적인 발상이었다. 당시 신상은 신 자체였다. 하여 신전에 머무는 제사장들은 신상을 신처럼 모셨으며, 남신의 경우 여사제는 밤을 거기서 지내며 시중을 들어야 했다. 제사는 신들의 밥상 차림이었다. 그런데 그리스도교 경전은 인간 자체가 신상이라고 선언한다. 이 선언은 인간의 본질이나 존엄성에 관한 것으로 이해되었고, 인간이라는 신의 이미지가 긍정된 것으로 볼 수도 있다.

신약에서는 예수라는 한 인간이 신을 보여준다.

> 아직 아무도 신을 보지 못하였다. 아버지의 품 안에 있는 홀로 태어난 신이 그를 나타내었다. (요한 1:18)

> 주목해 보세요. 처녀가 아이를 갖고 아들을 낳을 것입니다. 사람들은 그를 임마누엘이라고 부를 것입니다. 그 뜻은 '신이 우리와 함께한다'입니다. (마태 1:23)

인간이 신의 형상이라는 것은 구약에서도 이미 선언된 것이지만, 예수는 신을 온전히 보여준 참 인간으로 칭송된다. 그는 신의 참된 이미지이기에 그가 함께하면 신이 함께하는 것과 같다. 그가 그렇게 된 이유는 그가 보이지 않는 것, 곧 비물질인 로고스λόγος가 물질인 육/살σάρξ로 '조형'된 존재이기 때문이다(요한 1:14). 그리스도교는 이를 '성육신' 혹은 '도성인신道成人身'이라고 부른다. 예수는 신의 이미지고, 이미지인 예수가 바로 신과 다르지 않다. 이는 이미지에 대한 최대의 긍정이다. 어떤 의미에서 이미지가 도달할 수 있는 최대치에 대한 표현일 수 있다. 궁극적 존재인 신이 구체적인 이미지가 된다는 것이기 때문이다.

신의 이미지이자, 신-이미지인 예수는 성찬 제의를 제정한다. 거기서 예수는 빵을 들고, 그것을 부수어 제자들에게 나누어 주면서 이렇게 말한다.

> 받아서 먹어요. 이것은 나의 몸입니다. (마태 26:26)

이후 그는 잔을 들고 역시 제자들에게 주면서 말한다.

> 모두 이 잔에서 마시세요. 이것은 나의 피입니다. (마태 26:28)

신인 로고스가 육/살로 조형되고, 그렇게 조형된 인간 예수가 빵과 포도주를 자신의 몸과 피라고 선언한다. "이것은 나의 몸/피'입니다'." 이때 '~이다'가 무슨 뜻인지를 두고 벌인 성찬 제의 논쟁은 종교개혁의 핵심 쟁점이었다.

당시 로마 가톨릭의 견해에 따르면 성만찬 제의에서 몸과 피로 선언된 빵과 포도주는 실제 예수의 몸/피'이다'. 예수가 신'이듯' 그

그림 35 《성모자상과 요하네스 2세 콤네노스 황제와 에이레네 황후》, 터키 하기아 소피아.

렇게 빵과 포도주가 예수의 살과 피'이다'. 이것을 흔히 성변화聖變化, transubstantiation라고 부른다. 다른 한 편에는 상징설이 있다. 이에 따르면 빵과 포도주는 예수의 몸과 피를 '상징한다'significat. 이 두 사이에 루터의 공재설과 칼빈의 영적 임재설 등이 제안되었다. 이것은 모두 실재와 그것을 가리키는 상징적 이미지 사이의 관계에 관한 토론이었다. 종교개혁가들 사이에 벌어진 토론은 단지 지적인 차원이 아니라 개인의 목숨과 공동체의 운명을 결정하는 수준에서 벌어진 것이었다. 이 회담은 마르부르크 영주가 주최자 격이었다. 이는 종교적 문제가 정치와 분리될 수 없는 당시의 현실을 반영한다. 그러나 어떤 이론이 옳든 예수가 만든 가장 중요한 제의는 이미지를 사용한 것이었다. 이로써 그리스도교는 신과 신의 이미지인 인간, 그중에서도 신의 참된 이미지인 예수, 그리고 그 예수의 살과 피인 빵과 포도주, 곧 비인격적 물질 사이를 단단하고 뗄 수 없게 연결한다. 성육신과 성찬 제의 제정은 그리스도교가 이미지에 매우 긍정적이라고 생각하게 한다. 루가 복음서의 저자로 간주되는 '루가'는 화가의 수호성인이기도 하다.

그리스도교가 로마 제국의 국교가 된 이후 이미지에 대한 긍정은 단지 종교적 이유에서만 비롯되지 않았다. 황제는 종교 이미지의 정치적 힘을 알고 있었다. 예를 들어 그리스도교 내에 이미지에 대한 부정적 견해가 뚜렷이 나타날 때 그리스도교를 국교로 삼은 콘스탄티누스 1세Flavius Valerius Aurelius Constantinus(272년 2월 27일~337년 5월 22일)는 모든 이교적 이미지를 제거하는 데 동의했지만, 황제의 이미지만은 영광을 받을 수 있도록 보존했다.

12세기에 터키 하기아 소피아 벽면에 제작된 프레스코화 《성모자상과 요하네스 2세 콤네노스 황제와 에이레네 황후》(그림 35)는 서양 중세 시대의 이미지가 수행하던 종교-정치 기능을 압축적으로 보여준다. 이 그림에는 4명의 인물이 등장한다. 가운데 있는 여인은 신의 어머니(테오토코스Θεοτόκος)인 마리아다. 그는 거룩한 아이인 예수를 안고 있다. 예수는 어린아이지만 왼손에는 말씀을 상징하는 두루마리를 들고(묵시 5:1~14), 오른손으로는 복을 내리는 자세를 하고 있다. 이것은 전형적인 판토크라토르Παντοκράτωρ, 곧 "모든 것을 다스리는 주님"의 자세다. 예수의 왼편에서 그와 같이 두루마리를 들고 있는 여인은 에이레네 황후다. 에이레네는 황후이면서 동시에 성인聖人으로 추앙받았던 인물이다. 예수의 오른손으로부터 복을 받는 사람은 요한네스 2세 콤네노스 황제다. 예수의 강복降福 손짓에 대응하는 것은 황제가 들고 있는 (돈 혹은 보물) 주머니다. 이 장면은 여러 해석이 가능하다. 황제와 황후가 예수로부터 복과 말씀을 받아든 장면인지 아니면, 황제는 돈을, 황후는 그리스도교인들의 기도나 찬양이 적힌 두루마리를 예수에게 주는 장면인지, 그것도 아니면 황제는 돈을 드리고 황후는 예수로부터 비밀스러운 말씀을 받는 것인지 혹은 그 반대인지는 확실하지 않다. 그러나 마리아와 예수, 그리고 황제와 황후 사이에 매우 긴밀한 관계가 형성되었다는 점만은 분명해 보인다. 흥미로운 것은 황제와 황후가 마리아와 거의 같은 높이로 그려졌다는 것이다. 둘은 신의 어머니보다 조금 낮을 뿐이다. 또 황제는 고개를 살짝 돌리고 황후도 눈을 돌려 마리아와 예수를 보지만, 성모자는 정면을 응시한다. 이것은 근본적인 권위가 성모자에게 있다는 것을 알려주지만, 예수를 품에 안고 있는 마리아와 황제 및 황후는 뗄 수 없이 가까운 관계로 재현된다. 정치 권력이 곧바로 종교적 권위로부터 정당성을 확보하려는 것이다.

다른 한 편, 성서 전반에는 이미지에 대한 강력한 부정이 있다. 널리 알려진 대로 유대교-그리스도교-이슬람교, 곧 아브라함 계통의 종교에는 이미지 제작을 강력히 금지하는 계명이 있다.

> 너는 너를 위하여 위로 하늘에 있는 것이나 아래로 땅에 있는 것이나 땅 밑 물에 있는 어떤 형상으로도 우상을 만들지 말아라.
> (출애 20:4)

이 금지 명령은 어떤 상으로도 신을 재현할 수 없다는 것이다. 유대교는 이 계명을 급진적으로 이해했다. 가령 그리스도교는 "우상은 배격하고 성상은 숭배하되 형상을 허용"한다.[9] "유대교는 우상, 성상, 형상을 특별히 구분하지 않고 싸잡아 금지한다. 다시 말해서 이는 유대교가 성상과 형상 개념을 우상 개념에 포함하고 있음을 뜻한다." 유대교든 그리스도교든 이 금지 계명이 신을 이미지로 나타내는 것의 위험성과 불가능성을 의미한다는 데에는 의견을 함께한다. 이러한 생각은 주변 종교에서 유래를 찾아볼 수 없는 독특한 것이다.

종교-정치가 종교-정치 이미지를 생산해 내는 와중에 이미지 금지와 관련된 가장 뚜렷한 역사적 사건은 8~9세기에 걸쳐 일어난 이른바 성상파괴iconoclast 논쟁이다. 길고 첨예한 이 논쟁은 비잔틴 제국의 종교, 정치, 사회의 격변을 낳았다. 이 논쟁은 종교가 이미지를 사용하는 것은 참 신을 외면하게 하고, 거짓 신인 이미지 자체에, 곧 우상숭배에 이르게 한다고 주장하는 이들의 주장에서 비롯되었다. 이미지를 금지하는 성서 계명에 의지하여 이들은 이미지 자체에 특정한 힘이 있다고 믿고, 그것 자체를 소중히 다루는 '미신적'인 행태에 분노했다. 그들은 당시 많은 이미지는 이러한 주술적이고 우상숭배적인 환경을 조성한다고 생각했다. 이미지는 실재를 나타내는 도구일 뿐이고, 그 도구에 필요 이상의 의미가 부여된다면 그것은 파괴되는 것이 적절하다는 것이다. 이런 주장은

---

9 앤서니 줄리어스, 『미술과 우상: 우상숭배, 우상파괴, 유태인 미술』(조형교육, 2003), 55.

'신의 심판'을 통해 강화되었다. 레오 3세Leo III(재위 717~741년)는 신이 성상을 그리지 않는 무슬림들을 통해 성상숭배를 일삼는 그리스도교 제국을 심판하고 있다고 생각했다. 그래서 그는 성상파괴를 명령했다. 이것이 함의하는 바는 성상 제작만큼이나, 아니 그 이상으로 성상파괴 역시 종교-정치의 역학 속에서 일어났다는 것이다. 레오 3세는 이미지와 종교-정치가 분리할 수 없이 엉켜있다는 당시의 인식을 반영한다. 다만 성상옹호론자와는 달리 그것이 파괴되어야 한다는 점에서만 달랐을 뿐이다.

로마 제국이 국교가 된 이후 서양의 시각 예술은 결국 이미지에 대한 긍정적 성서 본문과 금지 계명 사이의 긴장 관계 속에서 전개되었다. 성상파괴주의의 신학과 열정을 모두 제거할 수 없었지만, 전체적으로 보면 이미지에 우호적인 세력이 우위에 있었다. 우호적인 세력의 한 편은 이미지를 교육과 목회의 목적으로 사용할 수 있다고 주장하였다. 교황 그레고리우스 1세(590~604년 재위)가 대표적인 인물이다. 그는 이미지 사용에 반대하고 파괴하는 마르세유의 주교 세레누스Serenus에게 이렇게 써 보냈다.

> 그림을 숭배하는 것과 그림의 이야기를 통해 숭배되어야 할 것을 배우는 일은 서로 다릅니다. 그림은 문맹자들에게 책을 읽을 수 있는 사람이 얻는 것을 줍니다. … 이미지와 그림은 무식한 사람들의 교화를 위해 만들어진 것입니다. 이를 통해 문맹자들

도 그림을 통해 배울 수 있습니다. (600년 10월의 두 번째 편지)[10]

이미지에 우호적인 다른 한 편은 이미지를 보다 적극적으로 옹호한다. 그들에게 이미지는 단지 교육을 위한 보조도구가 아니다. "성화는 그것이 상징하는 실재에 참여하는 상징이기 때문에, 그것은 그 자체로 경배받을 만한 가치가 있다. 그것은 참된 현전성의 대리이다. 성화는 바라보아야 할 그림이 아니라 보이지 않는 세계가 그것을 통해 우리의 세계를 들여다보는 창이다."[11]

서양 중세 시대는 신의 재현 가능성과 이미지의 종교-정치학이 여실히 드러난 시대였고, 그것을 둘러싼 섬세하고 격렬한 논쟁이 사회적 결과로도 나타난 시대였다. 이 주제를 이해하는 것, 다시 말해 당시의 종교적 이미지를 이해하는 문해력은 이미지의 본질과 그것의 이면을 들여다보고, 이미지가 가져오는 힘의 긍정적이고 부정적인 특징을 통찰할 수 있게 한다.

Ⅳ. 이미지의 세 갈래 길

시각예술/이미지와 관련하여 또 하나의 갈림길은 종교개혁에

---

10 Celia M. Chazelle, 'Pictures, Books, and the Illiterate', *Word & Image* 6(1990/2), 138~153, 139~140에서 재인용.

11 Graham Howes, 'Religious Art and Religious Belief', *Arts* 5(1992/1), 11. 리차드 해리스, 『현대인을 위한 신학적 미학』(살림, 2003), 152~153에서 재인용.

서 비롯되었다. 이때 다시 성상파괴주의가 등장했다. 8~9세기 비잔틴 제국에서 벌어진 이미지 논쟁 이후 가장 큰 수준이었고, 종교와 예술의 관계 변화는 역사의 흐름에 따라 비잔틴 제국 때보다 훨씬 더 심대했다. 종교개혁과 이후 일어났던 세 가지 흐름은 오늘날까지 지속한다.

1. 마르틴 루터Martin Luther가 교황의 위협으로부터 몸을 피하고 있을 때 그의 동료인 칼슈타트Karlstadt는 급진적인 성상파괴운동을 이끌었다. 그는 이미지를 제작하는 것 자체가 우상숭배라고 주장하면서 도시 곳곳에 가득한 이미지를 파괴하는 사람들을 지도했다. 이것은 물론 종교적 동기에서 비롯된 것이지만, 이미지가 세워진 곳이 교회와 공공건물이라는 것을 고려하면 이 성상파괴 행동은 성난 군중의 폭동으로 간주할 수도 있었다. 숨어 있던 루터가 다시 공개적인 활동을 재개한 것은 성상을 파괴 운동이 정치적 혁명으로 이어지고, 이것이 결국 종교개혁을 방해할 것이라는 걱정에서였다. 그는 자신이 이전에 이미지를 파괴하는 데에 헌신했던 것을 언급하면서 이미지에 대해 이렇게 가르쳤다.

> 나는 하느님의 말씀을 통하여, 또 이미지들을 무가치하고 경멸받을 것으로 만들면서 먼저 마음으로부터 그것들을 찢어버리면서 이미지를 파괴하는 일에 착수했습니다. ... 그것들이 더 이상 마음에 없을 때라야 우리가 눈으로 볼 때도 그것들이 우리에게 해를 끼칠 수 없기 때문입니다. 그러나 칼슈타트 박사는 마음의

문제에는 관심을 두지 않고, 그것들을 시야에서는 제거하면서도 마음에는 남겨두는 식으로 순서를 바꾸어 버렸습니다. ... 이미지를 없애는 두 가지 형태 중 어느 것이 최선인지는 여러분 각자가 스스로 판단하기를 바랍니다. (AE 40, 85)

물질보다 마음과 정신을 강조하는 것은 성상파괴주의의 전형적인 논리였다. 루터는 이를 살짝 변형한다. 물질 이미지를 파괴하는 방식이 아니라 마음속에서 물질이 정도 이상의 힘을 발휘하지 못하게 하라는 것이다. 따라서 마음에 문제가 없고, 이미지를 사용하여 복음을 참되게 전하는 데에 도움이 된다면 이미지 사용은 아무런 문제가 없을 뿐 아니라 도리어 권장할만하다는 것이다. 이러한 태도는 '말씀' 곧 성서와 그것의 메시지를 전하는 범위 내에 이미지를 놓게 하였다.

한스 홀바인Hans Holbein the younger(1497~1543)은 16세기 가장 유명한 초상화가였고, 프로테스탄트 이념을 표현하던 화가였다. 루터의 초상화가로도 유명한 홀바인의 《구약과 신약의 법의 알레고리》(그림 36)는 말씀, 곧 '성서(진리)를 설명하기 위한 이미지'라는 루터의 이미지 이해를 받아들이고 반영한 작품이다. 중세 가톨릭 미술이 '가난한 자들의 성서'로서 문맹자들에게 성서 내용을 가르치는 기능을 담당했듯이 홀바인은 자신의 작품을 통해 종교개혁의 성서 이해를 대중들에게 알리고자 하였다. 《구약과 신약의 법의 알레고리》는 바로 이러한 의도를 담은 작품이다. 이 작품은 루카스 크라나흐Lucas Cranach를 비롯한 화가들이 종교개혁의 이념을 해설하는

그림 36 한스 홀바인, 《구약과 신약의 법의 알레고리》, 1530년대 초반, 50×60cm, 판넬에 유화, 스코틀랜드 에든버러 내셔널 갤러리.

그림을 제작한 것과 같은 맥락에 있다고 하겠다.

이 작품의 구도는 크게 둘로 나뉘어 있음을 쉽게 알 수 있다. 가운데 '큰 나무'는 시대를 구분한다. 그 나무 밑에는 '호모'HOMO 곧 인류가 앉아 있다. 그는 정확하게 나무 밑에 앉아 두 시대 혹은 두 영역 사이에서 자신의 삶이 어디로 향해야 하는지를 결정해야 한다. 결정은 어렵지 않다. 두 명의 인물이 인류의 선택을 돕는다. 화면 왼쪽의 인물은 예언자 이사야이고, 오른쪽의 인물은 세례자 요한이다. 둘 다 화면 오른편의 세계를 손으로 가리킨다. 그 세계가 어떠하기에 두 위대한 예언자가 사람에게 그곳을 향하라고 독려하는가. 홀바인은 화면 왼쪽과 오른쪽 끝 위에 두 장면을 극적으로 대조한다. 왼쪽에는 '렉스'LEX 곧 '율법'이 하늘로부터 내려온다. 반대편에는 한 천사가 십자가를 들고 마리아로 보이는 한 여성에게 임한다. 그리고 그곳에는 '그라티아'GRATIA 곧 은혜라고 쓰여 있다.

'율법'의 세계 밑에는 아담과 하와의 '페카툼'PECCATVM(죄)과 '모르스'MORS(죽음)가 있고, 신약의 십자가를 예표하는 뱀이 올라간 십자가가 있다. 그곳에는 '미스테리움 이우스티피카티오니스'MYSTERIVM IVSTIFICATIONIS, 칭의의 신비가 있으나 그것의 분명한 성취는 신약에 가서야 이루어질 것이다. '은혜'의 세계 밑에는 아담과 하와의 죄를 짊어지는 '아누스 데이'AGNUS DEI 곧 '하느님의 어린양'인 예수가 있다. 그는 십자가를 향하여 가며 의로움을 성취한다. '죽음'이 있던 자리에는 죽음을 밟고 승리하는 그리스도가 그려져 있다. 그 승리는 그리스도 혼자만의 승리가 아니라 '빅토리아 노스트라'VICTORIA NOSTRA 곧 '우리의 승리'다. 이 세계는 죽음을 이기는 부활의 생명 세계다. 구약의 세계인 율법의 세계가 먹구름이 깔린 곳이라면, 신약의 세계인 은혜의 세계는 환한 빛이 사람들에게 생명을 준다.

이 작품은 루터파의 성서 이해뿐 아니라 루터의 이미지 이해도 반영한 작품이다. 그러나 이러한 경향의 작품이 유의미하게 계속되리라고 기대할 수는 없다. 크게 두 가지 이유에서이다. 첫째, 예술가들은 결코 자신의 작품이 '말씀'을 도와주는 역할에 머물기를 원하지 않기 때문이다. 둘째, 이미지보다 '문자'가 훨씬 더 그 역할을 하는 데에 적합하기 때문이다. 종교개혁의 성공은 구텐베르크 Johannes Gutenberg의 인쇄술 발전에 힘입은 바 크다. 대량 생산이 가능한 문자, 곧 책은 이미지보다 고정적이고 확정적으로 성서를 풀이하는 데에 유리하다고 평가받았다. 이것은 이후 종교나 철학이 더는 예술을 필요하다고 여기지 않는다는 이른바 헤겔Georg Wilhelm Friedrich Hegel의 '예술의 종언'으로 이어진다.[12] 루터 정통주의 신앙을 고백하던 헤겔은 노년에 이르러 예술 · 종교 · 철학이라는 절대 정신의 표현 양식 중 철학적 개념과 사유가 가장 우월하다고 주장한다. 헤겔에 따르면 예술가들은 그림을 그리고, 조각할 것이다. 그러나 예술의 원초적 사명으로서 "신성한 신을 예배하는 사명"은 끝났다. 신을 예배하는 데 더 우월한 개념과 사유(문자)가 있는데, 이미지가 더는 유의미하게 공헌할 것이 없다는 의미다.

2. 같은 종교개혁파였지만 칼뱅Jean Calvin의 개혁교회(장로교회)와 츠빙글리Zwingli를 필두로 한 개혁파는 이미지에 관해서 루터파와 다른 길을 걸었다. 이들은 기본적으로 이미지 사용에 엄격했다. 그러면서도 동시에 모든 문화가 그리스도의 통치와 은혜 아래 있다고 주장했다. 가령 칼뱅은 모든 종류의 재현이 신의 뜻에 어긋난다고 생각하지 않는다. 대신 그는 이렇게 주장한다.

---

12 이른바 예술의 종말에 관한 헤겔, 단토, 아도르노의 주장을 소개하고 비교하는 연구로는 Owen Hulatt, 'Hegel, Danto, Adorno, and the End and after of Art', *British Journal for the History of Philosophy* 24(4/2016), 742~763이 있다.

> 내가 주장하는 것은 조각과 회화는 하느님이 주신 재능으로, 이 두 재능은 모두 순수하고 하느님의 법에 맞게 사용될 수 있다. … 우리가 보이는 하느님의 형상을 만드는 것은 법에 어긋나는 것이다. (『그리스도교 강요』, I, xi, 12)

이것은 성상파괴주의라고 할 수는 없지만, 이전과 같은 신과 예수를 직접 그리는 예술을 제한하는 것이다. 이에 화가들은 기존과 같이 신과 예수를 직접적으로 그리는 방식을 굳이 택할 위험을 감수할 필요 없이 종교적 메시지를 전할 길을 찾을 수 있었다. 이 중 16, 17세기 칼뱅주의의 나라 네덜란드에서 정물화가 특정한 장르로 발전하게 되었다. 곧 '바니타스'Vanitas 장르화는 '눈으로 보이는 사물'로 보이지 않는 종교적/영적 메시지를 담아냈다. 곧 종교화를 직접 그리기보다는 특정 장르를 통해 메시지를 전한 것이다.

바니타스는 몇 가지 특정 소재를 통해 인간과 삶의 유한성을 드러내는 장르화다. 특정 소재에는 해골, 모래시계, 책, 화구, 보석, 화려한 옷, 거울, 악기, 꽃병, 부패한 꽃, 벌레, 깨지거나 넘어진 술잔, 조개껍데기, 카펫, 왕관, 무기 등이다. 이들 중 일부는 삶의 화려함 및 풍요로움을 드러내는 소재로 쓰일 수도 있지만 무상성과 유한성을 가리키는 것들과 한 화면에 등장해 현재에 세속적 쾌락과 성취에 빠져 있는 이들의 경각심을 깨운다. 오래된 석상이나 반짝이는 귀금속은 낡고 부패하는 다른 것들과 대조를 이루어 삶의 상실감을 더해준다. '바니타스'란 말은 잘 알려진 대로, 전도서 1장 2절 '하벨 하발림הֲבֵל הֲבָלִים'의 라틴어 번역 '바니타스 바니타

그림 37 에버트 콜리에, 《바니타스》, 1600년대 후반, 50×60cm, 판넬에 유화, 세인트 피터즈버그 뮤지엄 오브 파인 아트.

툼'vanitas vanitatum에서 온 것이다. 히브리어 '하벨'은 증기가 일거나 숨 쉬는 것을 형용하는 단어다.

미술사에서 바니타스화는 이전의 '죽음의 춤'danse macabre 및 '메멘토 모리' 주제화의 연속 선상에서 파악되기도 한다. 중세 시대의 종교적 영역에서 죽음의 두려움을 자아내던 메멘토 모리 주제화는 종교개혁 이후 죽음보다 삶의 무의미함과 그러기에 역설적으로 감각적 쾌락의 화려함에 주목하게 하였다. 물론 감각적 쾌락은 '덧없다.' 이것은 이른바 이미지의 '존재론적 개입'이다.

에버트 콜리에Evert Collier의 '그림 37'은 1660년대 말에 그린 전형적인 그의 유화 바니타스 작품이다. 바니타스 정물화는 '글'을 써넣는 특징이 있는데, 이 작품도 마찬가지다. 화면 오른쪽 위 빨간 책에 걸친 종이에는 '풀비스 에 움부르 숨누스'pulvis et umbra sumus(우리는 먼지와 그림자다)가, 화면 중앙 아래쪽에는 전도서 1장 2절 '바니타스 바니타툼 에 옴니아 바니타스'vanitas vanitatum et omnia vanitas(헛되고 헛되다. 모든 것이 헛되다)가 쓰여 있다. 책은 인간의 지식, 서류는 인간의 성취와 그것의 기록을 가리킨다. 악기는 쾌락을, 화려한 식탁보는 사치스러운 풍요를 나타내지만 모두 해골을 중심에 두고 생각해야 할 것들이다. 화면 맨 위에 있는 향로도 마찬가지다.

3. 종교개혁에 대한 반동으로 일어난 로마 가톨릭교회의 이른바 가톨릭 종교개혁 운동은 여전히 중세 시대의 이미지에 대한 생각을 고수했지만, 종교개혁은 각 분야가 자신만의 독립성과 자율성을 가지고 세속화하는 길을 터주었다. 세속화란 본래 교회나 수도원 소유의 토지가 비종교적 개인이나 단체에 팔리는 것을 가리키는 말이었다. 교회 혹은 신앙의 지배 아래 있던 각 분야가 자신을 형성하는 '자신'auto만의 '율'norm을 주장했고, 그 '자율'이 '독립'을 가능하도록 했다. 정치는 정치의 율과 독립된 영역이 있다고 천명했고, 학문도 그렇게 하였다. 예술 역시 자신의 율과 독립된 공간

이 따로 있다는 주장은 자연스러웠다. 예술이 하는 일은 종교적 체험이 아니라 미적 체험이라는 것이다.

또 종교개혁은 전체와 구분된 개체, 곧 독립된 개인과 개인이 지니는 독특성으로 개성, 그 개성의 근저에 있는 정신을 강화하도록 도왔다. 요컨대, '개인'과 '정신성'이 중요한 틀이었다. 시각예술에서도 명시적으로 종교적 주제나 소재, 종교적임을 알리는 '글'도 없이 오로지 이미지만으로 관람객에게 일상을 떠난 비일상의 세계, 초월적 통찰, 존재론적 각성, 신성한 감정 등을 불러일으키는 것이 중요해졌다. 예를 들어 '바니타스'는 그것이 종교적 주제를 전하고 있다는 '글'과 장르를 통해 이 그림이 종교적임을 알린다. 그러나 그러한 글과 특정한 장르 없이 종교적 주제가 그림 속에 스며들게 되는데, 나는 이것을 '종교적 주제의 인코딩'으로 부를 수 있다고 생각한다. 이런 흐름을 가장 잘 대변한 화가는 렘브란트다.

렘브란트는 약 100여 점에 달하는 자화상으로 '개인'에 대한 관심과 탐구를 보여주었고, 미완성으로 보이는 그림도 화가의 의도(정신)가 완성되었으면 이미 완성된 것이라고 주장했다. 개신교 국가 네덜란드에서는 그에게 종교화를 주문하는 교회도 없었는데, 1642년 파산한 이후로도 그는 주문받지 않은 채 계속해서 종교적 주제로 그림을 그렸다. 그것은 '개인'의 '정신'적인 내면의 탐구였다. 1655년 작 《도살된 소》(그림 38)도 종교적 주제가 인코딩된 작품으로 꼽을 수 있다.[13]

---

13 《도살된 소》에 관한 논의는 김학철, 『렘브란트, 성서를 그리다 - 렘브란트의 성서화 미학』(대한기독교서회, 2010), 125~126을 참조하라.

그림 38 렘브란트, 《도살된 소》, 1655년, 유화, 95.5×68.8cm, 루브르 박물관.

《도살된 소》는 표면적으로 신앙과 전혀 관계가 없어 보인다. 이것이 일정한 종교적 감상을 불러일으킨다는 것은 자명하다. 수소는 살아 있을 때 거대한 몸집과 그에 상응하는 힘으로 상대를 압도한다. 그러나 이 소가 도살된 이후에는 그저 '고깃덩어리'일 뿐이다. 도살된 소의 각 신체를 바라보는 감상자는 생명력이 거세되고 수치를 당한 인간 존재의 마지막을 떠오르게 한다. 가령 질 들뢰즈 Geilles Deleuze는 이 정물화에서 십자가에 달린 예수를 떠올린다. 이전의 영광과 명예와 기적적 힘이 모두 어떠하든 간에 죽음은 모든 것을 앗아가고, 인간의 운명은 동물의 그것과 다를 바 없다.

이렇게 인코딩된 종교적 메시지를 디코딩하는 능력을 종교적 시각 문해력이라고 할 수 있다. 종교개혁이 만든 이 세 번째 길은 신성한 이미지와 세속 이미지의 구분을 무너뜨렸다. 현실을 그대로 그리는 것은 세속 이미지만이 아니다. 그 현실에서 무엇을 읽어낼 수 있는지가 관건이 된 셈이다. 곧 화가가 무엇을 그렸는지가 아니라 현실을 읽는 능력과 그것을 해석하는 능력이 결정적인 사항이다. 이것은 한편으로는 만물을 신의 창조물로 보고, 그것들에서 신을 감지하는 방향으로 전개되기도 했지만, 다른 한편으로는 종교(적 소재 및 주제) 없는 예술로 이끌었다.

서양의 종교개혁 이후 이미지의 권위는 진리인 성서를 해명하거나, 그리스도교적 정신을 강화하는 선에서 허용되었다. 그리고 예술은 세속화에 따라 종교와 관련 없는 독자적인 길을 갈 수 있게 되었다. 세속화가 심화하고 이성을 강조하는 계몽주의 이후 오늘날까지 예술과 종교의 관계는 분리의 성공과 실패의 역사라고 할 수 있다.

Ⅳ. 결어

이미지를 종교의 차원에서 역사적으로 조망하여 종교적 시각 문해력의 주요한 능력을 밝히려 한 이 글은 이미지의 시원과 존재론적 차원, 정치 · 사회적 기능, 종교개혁 이후 종교와 이미지의 세 유형까지의 흐름을 간략하게 일별하였다. 종교 이미지는 세상과 그것의 질서를 설명하고 삶에 자리를 잡아주는 것으로부터 시작하여, 정치 및 사회의 권력과 뗄 수 없는 관계를 형성했다. 신/실재를 재현하는 이미지를 만들고, 수용하고, 유통하는 이들과 그에 맞서서 신/실재의 재현불가능성을 주장하는 이들의 긴장 관계가 종교, 정치, 사회, 문화의 역사 속에서 (종교) 이미지의 흥망성쇠를 좌우했다. 종교개혁 이후 종교 이미지는 직접적인 방식과 더불어 종교적 주제를 일반 이미지에 녹아들게 하는 형태로 적지 않게 전환하였다. 이러한 관찰을 통해 우리는 이미지와 종교 사이의 핵심적 고리와 주제, 기능에 관한 문해력을 얻을 수 있었다.

이른바 인공지능과 과학기술을 통한 인간 향상과 쾌락의 증대를 말하는 오늘날, 지능 이상의 지성, 인간 향상을 넘어서는 인간 성숙, 쾌락을 조절하는 향유의 힘이 더욱 필요해졌다. 이미지와 더불어 존재를 성찰하고, 세상과의 관계를 증진하며, 초월성을 표현하고 수용하는 종교적 시각 문해력은 이미지가 우리 삶에 불러일으키는 긍정적이고 부정적인 효과를 알아볼 수 있고, 그것을 우리 삶의 통전성과 질서감, 안정감과 삶의 의미 추구를 위해 활용할 수 있게 돕는다. 또한, 이미지에 얽힌 권력 관계를 비판적으로 성찰하고, 때로는 그 관계를 해체하거나 그것에 도전하는 통찰력을 배양하는 능력도 함양하는 데에 이바지할 수 있다. 이 보론은 종교개혁 이후, 곧 근대와 현대에 이르는 시기의 이미지와 종교의 관계가 어떻게 전개되었는지를 추후 과제로 남긴다.

성스러움과 아름다움이 입 맞출 때

– 성서로 그림 읽기, 그림으로 성서 보기

초판 1쇄 | 2022년 8월 15일
2쇄 | 2022년 11월 18일
지은이 | 김학철

발행처 | 비아
발행인 | 이길호
편집인 | 김경문
편 집 | 민경찬
검 토 | 김경민 · 손승우 · 정다운 · 황윤하
제 작 | 김진식 · 김진현 · 이난영
재 무 | 이남구 · 김규리
마케팅 | 유병준 · 김미성
디자인 | 손승우

출판등록 | 2020년 7월 14일 제2020-000187호
주 소 | 서울시 강남구 봉은사로 442 75th Avenue 빌딩 7층
주문전화 | 010-2088-5161
이메일 | innuender@gmail.com

ISBN | 979-11-91239-85-0 03210
ⓒ 2022 김학철

* 값은 뒤표지에 있습니다. 잘못된 책은 구입하신 곳에서 바꾸어 드립니다.
* 비아는 ㈜타임교육C&P의 단행본 출판 브랜드입니다.